北京市公园管理中心 编
Edited by Beijing Municipal Administration Center of Parks

園說 Ⅲ

A Story of Gardens Ⅲ
The Culture and Art of Happiness and Longevity

文物中的福寿文化与艺术特展

文物出版社

图书在版编目（CIP）数据

园说. Ⅲ, 文物中的福寿文化与艺术特展 / 北京市公园管理中心编. — 北京 : 文物出版社, 2021.12
ISBN 978-7-5010-7286-6

Ⅰ. ①园… Ⅱ. ①北… Ⅲ. ①颐和园—文物—介绍
Ⅳ. ①K872.1

中国版本图书馆CIP数据核字（2021）第235612号

园说Ⅲ——文物中的福寿文化与艺术特展

编　　者　北京市公园管理中心
责任编辑　冯冬梅　陈　峰
文物摄影　张　冰　宋　朝
装帧设计　李猛工作室
英文翻译　高毓婷
责任印制　张　丽
责任校对　赵　宁

出　　版　文物出版社
社　　址　北京市东城区东直门内北小街2号楼
网　　址　http://www.wenwu.com
经　　销　新华书店
印　　刷　文物出版社印刷厂有限公司
开　　本　787mm×1092mm　1/8
印　　张　37.5
版　　次　2021年12月第1版
印　　次　2021年12月第1次印刷
书　　号　ISBN 978-7-5010-7286-6
定　　价　928.00元

序

2021 年是中国共产党成立一百周年。在市领导的高度关注关怀下，“园说Ⅲ——文物中的福寿文化与艺术特展”于 2021 年 9 月 28 日至 2022 年 1 月 8 日在颐和园博物馆面向公众展出，受到政府、社会、媒体等各方面高度关注，此期间线下接待观众 20 余万人次，线上直播吸引 920 余万人次。

展览旨在追溯福寿文化的渊源，以福寿题材文物为载体，系统、生动展现“福寿”这个中国传统文化中极为重要、源远流长的文化主题，揭示古往今来人们对美好幸福生活的追求向往和对福寿康宁的祈盼愿景。

该展作为颐和园博物馆开馆的首展，依托颐和园园藏文物资源，联合故宫博物院、河南博物院等 18 家文博单位共同推出。展览从“福寿绵长”“寿山福海”“福寿万象”“福寿满堂”“福寿攸同”五个部分，展出各类文物 286 件 / 套，其中三级以上文物 124 件 / 套。展览借展文物多达 145 件 / 套，涉及 8 个省市，内容丰富，文物份量重、品质高，是一次资源整合、馆际交流的典型合作。

颐和园博物馆开馆是北京市公园管理中心响应北京“博物馆之城”建设的实际行动，也是提升文物保护水平，让历史名园中的遗产、文物、文化活起来的具体举措。近年来，北京市公园管理中心坚持以弘扬历史名园文化为己任，持续耕耘“园说”系列文物文化展，2019 年“园说”展走进首都博物馆，2020 年“园说”在中国园林博物馆开展，2021 年“园说”展落户颐和园博物馆。

为打造永不落幕的园说展，特精选本次展览中 261 件 / 套文物图片编辑成册，辅以文字，以供广大读者品读鉴赏。

我们坚信“园说”品牌将得到持续淬炼，北京市属公园也会打造出更多更好的精品展览，为实现文物和文化的创造性转化、创新性发展作出积极贡献。

张勇

北京市公园管理中心党委书记、主任
2021 年 12 月

FOREWORD

The year 2021 marks the 100th anniversary of the founding of the Communist Party of China. Under the care of the city leaders, "A Story of Gardens III — The Culture and Art of Happiness and Longevity" was held at the Summer Palace Museum from September 28, 2021 to January 8, 2022, receiving high attention from the government, society, media, etc. Over 200,000 visitors toured the museum in person, and around 9.2 million people explored the online exhibition.

Aiming to trace the origins of the culture of happiness and longevity, this exhibition systematically and vividly presents "happiness and longevity" as an extremely important and long-standing cultural theme in traditional Chinese culture, and reveals people's aspirations for a better and happier life and their prayers for happiness, longevity and well-being throughout the ages.

As the first exhibition of the Summer Palace Museum, it relies on the resources of the Summer Palace collection and is jointly launched by the Palace Museum, Henan Museum, and other 18 institutions related to archaeology and museology. The five topics of the exhibition—Long-Lasting History, Palaces and Gardens, Decorative Arts, Imperial Paintings, Calligraphy, and Furniture, Influence Abroad—are well illustrated with 286 pieces/sets of artifacts, including 124 pieces/sets of artifacts above the third-class. Up to 145 pieces/sets of artifacts with rich content, significant meaning, and high quality are loaned from eight provinces and cities. This exhibition is an exemplar of resource integration and inter-museum exchange.

The opening of the Summer Palace Museum is a practical action by the Beijing Municipal Administration Center of Parks to respond to the construction of a "City of Museums," and is also a particular move to improve the level of heritage conservation and to make the heritage, artifacts, and culture in the historical garden come alive. In recent years, the Beijing Municipal Administration Center of Parks insists on promoting the culture of historical gardens as its responsibility, and continues to cultivate a series of exhibitions about "A Story of Gardens." In 2019, the exhibition "A Story of Gardens" entered the Capital Museum; in 2020, the exhibition with the same name was carried out in the Museum of Chinese Gardens and Landscape Architecture; in 2021, the exhibition was settled in the Summer Palace Museum.

This book selects 261 pieces/sets of artifacts in the exhibition, using pictures and text to illustrate the never-ending series of "A Story of Gardens."

We firmly believe that this series will continue to be refined, and that Beijing's parks will create more and better exhibitions, making a positive contribution to the creative transformation and innovative development of cultural relics and culture.

Zhang Yong
Secretary of the Communist Party Committee and Director of Beijing Municipal Administration Center of Parks
December 2021

含輝堂
愛山閣
魚藻軒

目录

图版目录

第一单元　福寿绵长

第二单元　寿山福海

第三单元　福寿万象

第四单元　福寿满堂

第五单元　福寿攸同

Catalogue

Section One
Long-Lasting History

Section Two
Palaces and Gardens

Section Three
Decorative Arts

Section Four
Imperial Paintings, Calligraphy, and Furniture

Section Five
Influence Abroad

寿山福海

福寿万象
MANIFESTATIONS OF HAPPINESS AND LONGEVITY

前言

幸福与长寿，是几千年来华夏大地上芸芸众生至高的生活理想和深层次的文化心理，渗透在物质文化生活的方方面面。本展通过追溯福寿文化的源流和在古代苑囿中的体现，包罗万象的物质载体和丰富多彩的艺术形式，以及流播广泛的普世影响，揭示了渴望幸福长寿这一中华民族长盛不衰的文化主题，是我们今天继续追求美好生活而努力奋斗的历史文化基因。

PREFACE

Happiness and longevity are the highest ideals of life and the deep-rooted cultural psychology of all Chinese people for thousands of years, permeating every aspect of material and cultural life. By tracing the origin of the culture of happiness and longevity and its embodiment in ancient gardens, decorative arts, imperial paintings, calligraphy, funiture, and the widespread universal influence, this exhibition reveals that the long-lasting cultural theme of the Chinese nation, the desire for happiness and longevity, is the historical and cultural motivation for our endeavor for a better life today.

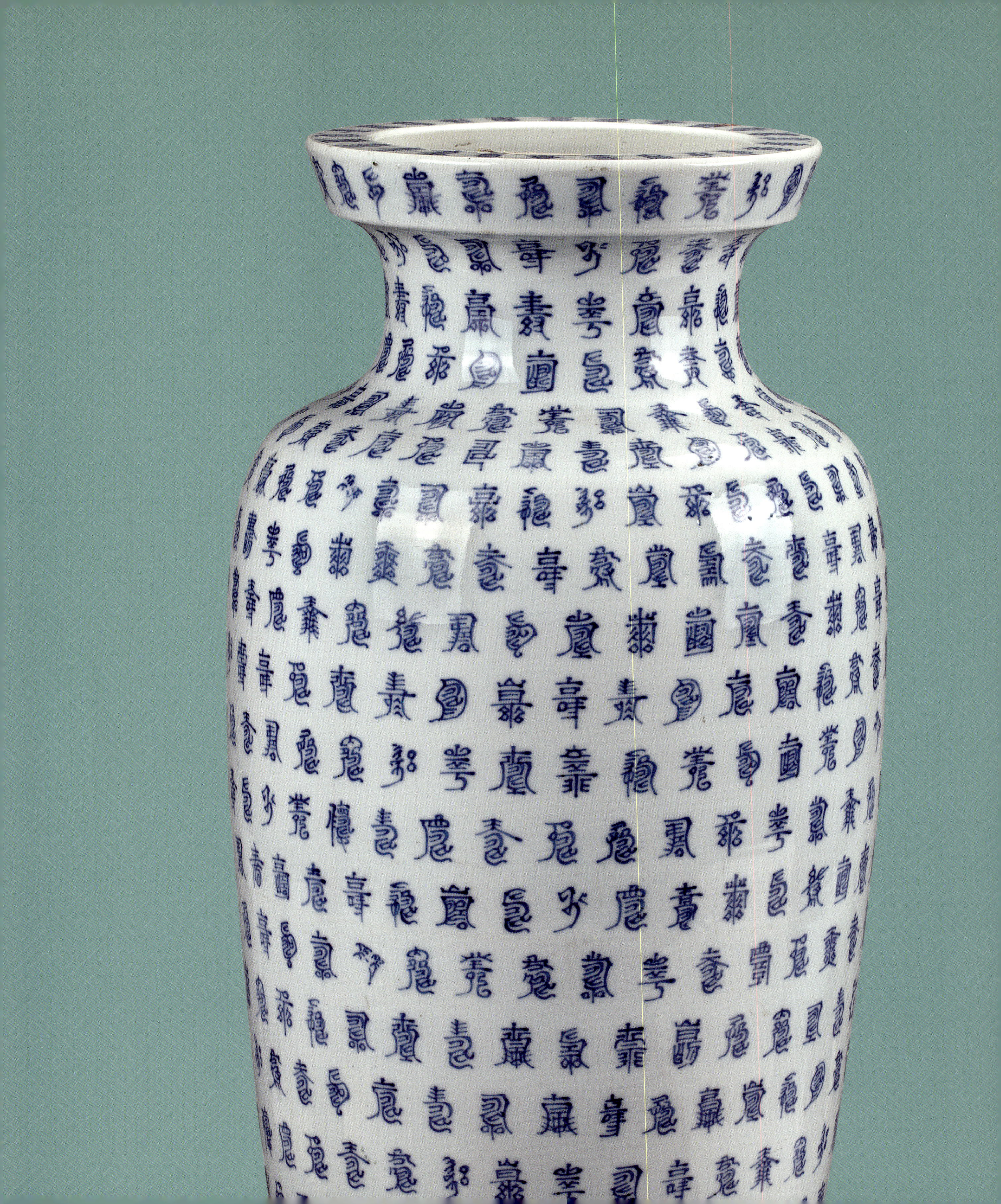

第一单元 SECTION ONE

福寿绵长 LONG-LASTING HISTORY

中国福寿文化萌芽于新石器时代，滋长于商周，壮大于秦汉，成熟于唐宋，至明清时达于极盛。上至帝王显贵，下至平民百姓，皆以福寿为求；举凡制度风俗，百货器用，常以福寿为用，反映了中国传统文化注重现世和以人为本的特质。

Chinese happiness and longevity culture sprouted in the Neolithic period, grew in the Shang and Zhou dynasties, expanded in the Qin and Han, matured in the Tang and Song, and reached its peak in the Ming and Qing. From the emperors and nobles to the common people, all of them are looking for happiness and longevity; all the systems and customs and all the goods and utensils are made according to the culture of happiness and longevity. It reflects the traditional Chinese culture's focus on life and its human-centered nature.

1

彩陶『卍』字纹双耳壶

Painted Pottery Double-Handled Jar with 卍 Pattern

马家窑文化（公元前 3000～前 2000 年）

最大直径 38、高 35 厘米

古陶文明博物馆藏

泥质红陶，侈口，薄唇，弧肩，鼓腹，下腹斜收，小平底。腹中部对称置双系。以红、黑两种色彩描绘纹饰，口沿内部、颈部分别用黑彩描绘一周圆圈纹、几何纹；肩、腹部主题纹饰为四组圆圈纹，其中两个内绘“卍”字纹，另两个绘细小方格纹。图案线条流畅，富于变化。

2

彩陶『卍』字纹双耳豆

Painted Pottery Stem Bowl with 卍 Pattern

火烧沟文化（公元前 1900～前 1500 年）

最大直径 27、高 11.6 厘米

古陶文明博物馆藏

此双耳豆形体阔大，造型别致，里外磨光并通饰陶衣，器内壁饰对称简化蛙纹和“卍”字纹，其图案规矩精美。底足有伤截，系出土之前所为，器底部有对称钻孔，似为结绳“锔修”脱底破碎之故。可见当时人们对它的珍视。

3

格仲簋

Bronze Ritual Food Vessel with Inscription

西周（公元前 1046 ~ 前 771 年）

通高 17.5、口径 26.4、圈足径 24.4 厘米

山西博物院藏

盖面呈弧形，圈形捉手上有二方形穿，盖内缘有子口；器身敛口，鼓腹，圈足外撇，兽头状桥形耳下垂小钩珥，盖与腹饰瓦纹，外底有交错细阳线加强筋。盖内和内底对铭四行二十九字：“唯正月甲午，戎捷于丧原，格仲率追，获讯二夫，馘（guó）二。对扬祖考福，用作宝簋。”2010 年山西翼城大河口墓地 2002 号墓出土。

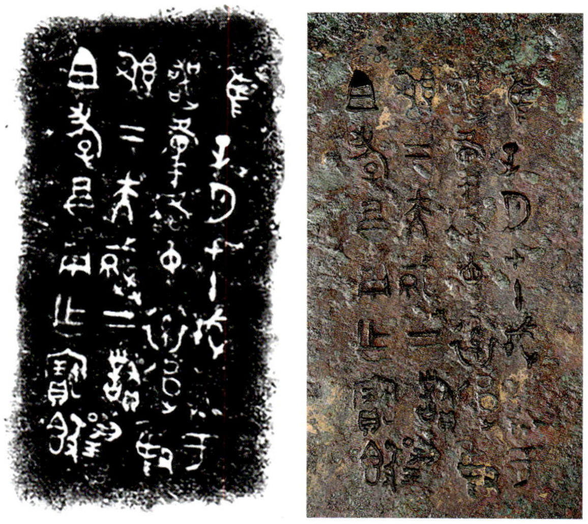

盖

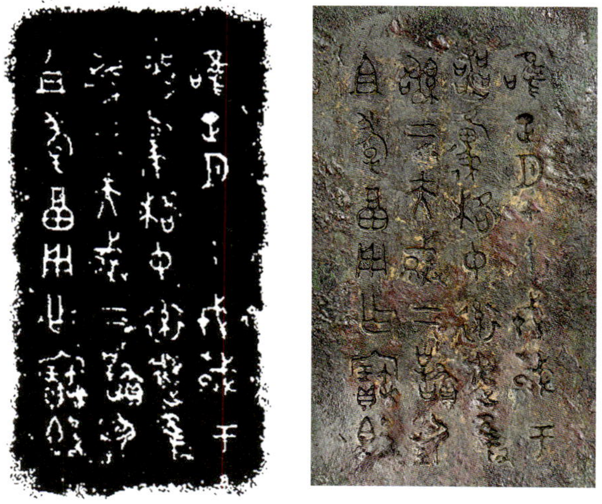

内底

4

敔簋

Bronze Ritual Food Vessel with Inscription

西周（公元前1046～前771年）

通高25.8、口径22.7厘米

河南博物院藏

分盖、身两部分。器上有盖，盖隆起，顶有圆形捉手，母口；器身子口，内敛，鼓腹，两侧有兽首状耳，且带垂珥，圜底，圈足下有三兽状支足。通体用宽大的波曲纹与弦纹装饰。器、盖对铭：“隹八月初吉丁丑，公乍敔（yǔ）尊簋，敔用易眉寿永命，子子孙孙永宝用享。”1990年应国墓地M95出土。

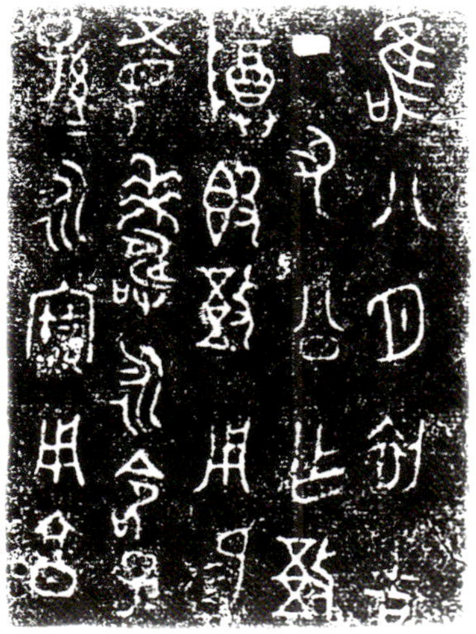

5

『阳寿园印』封泥

Clay Seal Inscribed "Yangshou Palace Seal"

秦（公元前221～前207年）

长2.2、宽2.4、厚1厘米

古陶文明博物馆藏

此封泥下半部残缺，整体呈不规则方形，正面逆时针钤印阳文“阳寿园印”四字，为秦代的皇家宫苑名。

6

『寿良平桓卒正』封泥

Clay Seal with Inscription of a Han Dynasty Official Title

汉（公元前206～公元220年）

长2.8、宽2.6、厚1厘米

古陶文明博物馆藏

此封泥呈规则的方形，正面从右至左钤印阳文“寿良平桓卒正”六字，为汉代地方职官名。

7

骨签

Oracle Bone

汉（公元前 206～公元 220 年）

长 2.5、宽 1.8、厚 0.3 厘米

古陶文明博物馆藏

刻文：甘露元年南阳守护工卒史
延寿工官令□丞□守令
□福作府守啬夫置佐骏
冗工　工穨□造

汉代骨签多见于未央宫官署遗址，材质大多以牛骨为原料，内容涉及物品名称、数量编号、工官名称、中央官署等，一般认为是设在地方的中央工官向皇室上缴各类物品的记录，是汉代中央政府保存的重要档案资料。其职官、人名中常见福寿字样。

8

骨签

Oracle Bone

汉（公元前 206～公元 220 年）

长 3.2、宽 1.5、厚 0.4 厘米

古陶文明博物馆藏

刻文：
始元年河南工官令宽郃守丞福文成
护工卒史直作府啬夫余子佐都
工尧客工伎造

9

各式印章（一组）

Set of Seals with Turtle- or Tile-Shaped Knobs

汉（公元前 206 ～公元 220 年）

边长 2 ～ 4 厘米

平湖玺印篆刻博物馆藏

此组印章均以青铜打造，印纽以当时十分盛行的龟纽为主，寓意长寿，部分印纽为瓦纽。印文以篆书雕刻，布局严谨，浑厚朴拙，可谓方寸之间，气象万千。

『秦延寿』瓦纽铜印

『宜子孙』龟纽铜印

『齐福之印』龟纽铜印

『申延年印』
龟纽铜印

『召福』
龟纽铜印

『王延寿印』
瓦纽铜印

『王延寿印』
龟纽铜印

『史福』
龟纽铜印

『田福之印』
龟纽铜印

10

『福寿』字样陶片

Pottery Shred with Auspicious Characters

汉（公元前206～公元220年）

长7.3、宽6.9、厚0.7厘米

古陶文明博物馆藏

此器物残件上钤印“福寿”二字铭文。

11

仙人献寿画像砖

Pictorial Brick with Immortals Offering Longevity

汉（公元前 206～公元 220 年）

长 87.5、宽 28、厚 16.5 厘米

古陶文明博物馆藏

此砖为长方形，砖面浅浮雕，图案内容丰富，由四层画面构成。第一层为西王母屈膝躬身接振翅凤鸟所吐之珠，凤鸟吐珠人食之千年不死，寓意长生不老。第二层为青鸟迎驾、仙人献寿图，图中两青鸟相对而立，上方各绘一仙树，两侧果盘置满仙果，两侍女一捧食盘、一执物拜献。第三层图案为山中仙人戏虎图。第四层图案为群山百兽图。

12

『延寿富贵宜子孙』吉语砖

Brick with Auspicious Inscription

汉（公元前 206 ～公元 220 年）

长 37、宽 11.5、厚 6 厘米

古陶文明博物馆藏

长条形砖，砖侧面铭文：“延寿富贵宜子孙”七字。

13

『延年益寿』砖

Brick with Auspicious Inscription

汉（公元前 206 ～公元 220 年）

长 28、宽 16、厚 5 厘米

古陶文明博物馆藏

此砖为陕西长安地区采集，部分残缺砖面阳文篆书“延年益寿”等字样，是古人祈求长生思想的体现。

14

『延年益寿』四神博局纹铜镜

TLV Mirror with Auspicious Inscription

西汉（公元前 206～公元 8 年）

直径 16.7 厘米

故宫博物院藏

圆形镜。圆纽，方花纽座。内方铭文为："湅（炼）铜清明以为镜，宜文章，延年益寿去不羊（祥），与天毋极而日光。"博局纹划分的四方八极内，青龙、白虎、朱雀、玄武各据一方，四神左右配置体态较小的羽人禽兽，隙间装饰云纹。分别为：青龙配瑞兽，白虎配羽人，朱雀配鸾鸟，玄武配羽人、龟及羊。近缘处饰栉齿纹一周。宽素缘。

15

铜鸠杖首

Columbidae-Shaped Bronze Staff Terminal

汉（公元前 206～公元 220 年）

通高 10、残长 10.5 厘米

湖南省博物馆藏

鸠鸟尖嘴、凸眼、长尾，羽翼收拢，尾部上翘，身、翅、尾刻出羽毛。鸠爪蜷曲，两爪间有圆形筒状，中空，内插木杖柄，部分已腐朽无存。两鸠爪抓握筒外有一横向短柱，造型古朴可爱。

鸠杖，即杖首雕有鸠鸟的手杖，由杖首、杖身、杖镦组成，质地有铜、金、木等。以鸠为杖首源于图腾崇拜，先秦时鸠杖寓意因形制而异，既是权势象征，也有父慈子孝、敬老爱老之意。两汉更将赐老人鸠杖以示尊老的行为法律化，予年老者以优待，唐以后赐鸠杖的规模虽无法与两汉相比，鸠鸟崇拜也渐弱化，但敬老养老的传统依然延续至今。

汉画像石中的持鸠杖老者

16

『天福』乳钉纹瓦

Tile with Boss and Auspicious Inscription

北魏（386～534年）

长29、宽12、厚2.5厘米

古陶文明博物馆藏

瓦当为长条形，正面装饰弦纹和乳钉纹，模印“天福”字样。

17

长沙窑青釉褐彩『王』字龟

Changsha Greenish-Brown-Glazed Turtle with Character for King

唐（618～907年）

高2.4厘米

湖南省博物馆藏

瓷塑为龟形，施褐釉不及底，背部模印褐彩“王”字形图案，背部原有一系用以吊挂，已缺。乌龟头部微微抬起，嘴巴张开，憨态可掬。龟是长寿之象征，为古代人们所喜爱的动物形象。

18

白陶彩绘寿星俑

Painted White Pottery Figure of the God of Longevity

唐（618～907年）

直径8、高14厘米

古陶文明博物馆藏

此白陶彩绘俑传出自河南。其硕大的头与身、腿同长，右手执手杖，眼睛炯炯有神。寿星即老人星，起源于远古的星辰自然崇拜。

19

长沙窑青釉褐绿彩奔鹿纹壶

Changsha Brownish-Green-Glazed Ewer with Galloping Deer

唐（618～907年）

口径 11、底径 11、高 22.6 厘米

湖南省博物馆藏

喇叭口，直颈，溜肩，弓形柄，多棱短流，瓜棱形腹，平底。通体施青釉不及底，流下用褐绿彩绘一飞奔于草叶间的小鹿。小鹿作回头状，前肢跃起，似警觉到有猛兽靠近，即刻飞奔而出。小鹿线条饱满，颜色鲜明，动作灵活，笔力流畅，给人一种活灵活现的感觉。鹿与“禄”同音，在传统文化中代表着福禄、长寿的吉祥寓意。长沙窑作为唐代著名的民间瓷窑，绘画装饰上大量运用了鹿的题材。

20

双鸾衔绶纹铜镜

Bronze Lobed Mirror with Mythological Birds Holding Ribbons

唐（618～907年）

直径23厘米

河南博物院藏

葵形镜，圆纽，莲花纹纽座。纽之两侧各饰一鸾鸟衔绶图，上下饰牡丹花纹，八葵瓣式小平缘。此为盛唐时期常见的镜类之一。1958年河南省郑州市上街区出土。

21

『福寿家安』铭文铜镜

Bronze Mirror with Auspicious Inscription

宋（960～1279年）

直径 14.3 厘米

山西博物院藏

镜背面中心有纽，内圈铭文“福寿家安”，每字之间填一喜字图案，外圈铭文“清素传家，永用宝鉴”，边缘作菱花状。此镜寄托美好寓意，似作为家训之物而世代相传。

22

白釉珍珠地『福德』瓷枕

White-Glazed Porcelain Pillow with Auspicious Inscription amid Pearls

北宋（960～1127年）

长18.3、宽23.8、高11厘米

河南博物院藏

枕呈四曲腰圆形，底部平坦。枕面刻单线依枕形边框，其内上部分饰珍珠地花卉纹，中央装饰珍珠地“福德”两字，枕四壁分栏布局，刻划花卉。

珍珠地纹饰，源于唐代金银器上的錾花装饰，河南密县窑在唐代首先应用于瓷器装饰。其工艺是用管状竹木或金属工具，在施好化妆土的坯体上戳印而成，圆点周围露出胎体本色，中心是白色，再施以透明釉。经高温烧造后，形成色调对比强烈的艺术效果。

23

白釉珍珠地『齐寿』瓷枕

White-Glazed Porcelain Pillow with Auspicious Inscription

北宋（960～1127年）

长28、宽19、高13.5厘米

首都博物馆藏

枕为腰圆形。枕面中心以珍珠纹为地，刻“齐寿”二字，四周刻卷草纹边饰，“齐”字下脚空隙处，巧饰叶纹压肩。枕四壁以珍珠纹为地，刻缠枝菊花，底刻“大吉”字样。花纹凹处刻划较深，经烧造后呈褐色。

24

唐家窑褐釉『嘉庆福寿』印花碗

Tangjia Brown-Glazed Bowl with Floral Design and Auspicious Inscription

宋（960～1279年）

口径16.3、底径6.7、高5.8厘米

湖南省博物馆藏

敞口，弧腹，矮圈足。碗心印菊瓣纹，内壁以水波纹为地，花瓣形开光内分别印有“嘉庆福寿”四字，寓意吉祥，外壁饰多圈弦纹，通体施褐釉不及底。用文字装饰瓷器在唐以前较少见，于长沙窑开始大量使用，宋时经济文化繁荣，文字饰瓷现象更盛于前，至元明清，文字装饰趋于图案化、符号化。唐家窑位于湖南省祁东县归阳镇，是创烧于唐末五代、兴盛于南宋的民间瓷窑，为迎合当时市场消费喜好，生产出大量以吉祥语为装饰的日用瓷器。

25

『福庭』砖

Brick with Auspicious Inscription

辽（907～1125年）

长30.5、宽14厘米

首都博物馆藏

此砖呈长方形，略有残缺，正面印交错绳纹，侧面阳文书“首开日升化福庭”字样。

26

白釉『长命富贵』纹瓶

White-Glazed Vase with Characters for Longevity and Prosperity

金（1115 ~ 1234年）

腹径 9、高 19 厘米

河北博物院藏

唇口外撇，束颈，溜肩，鼓腹渐收，足外撇。瓶身上部满施白釉，肩部以褐彩绘两道弦纹，上腹部一圈书褐彩“长命富贵”四字，字体修长，笔画流畅，寓意吉祥。下腹部以褐彩绘一道弦纹。胫足部无釉。

金代为磁州窑瓷器生产的繁荣时期，不仅器物的造型、釉色、技法等都有所突破和创新，装饰题材也越来越丰富多彩，突破了以花草类图案为主的格局，福寿题材、书法、山水、人物和动物题材的图案成为一种新的时尚。

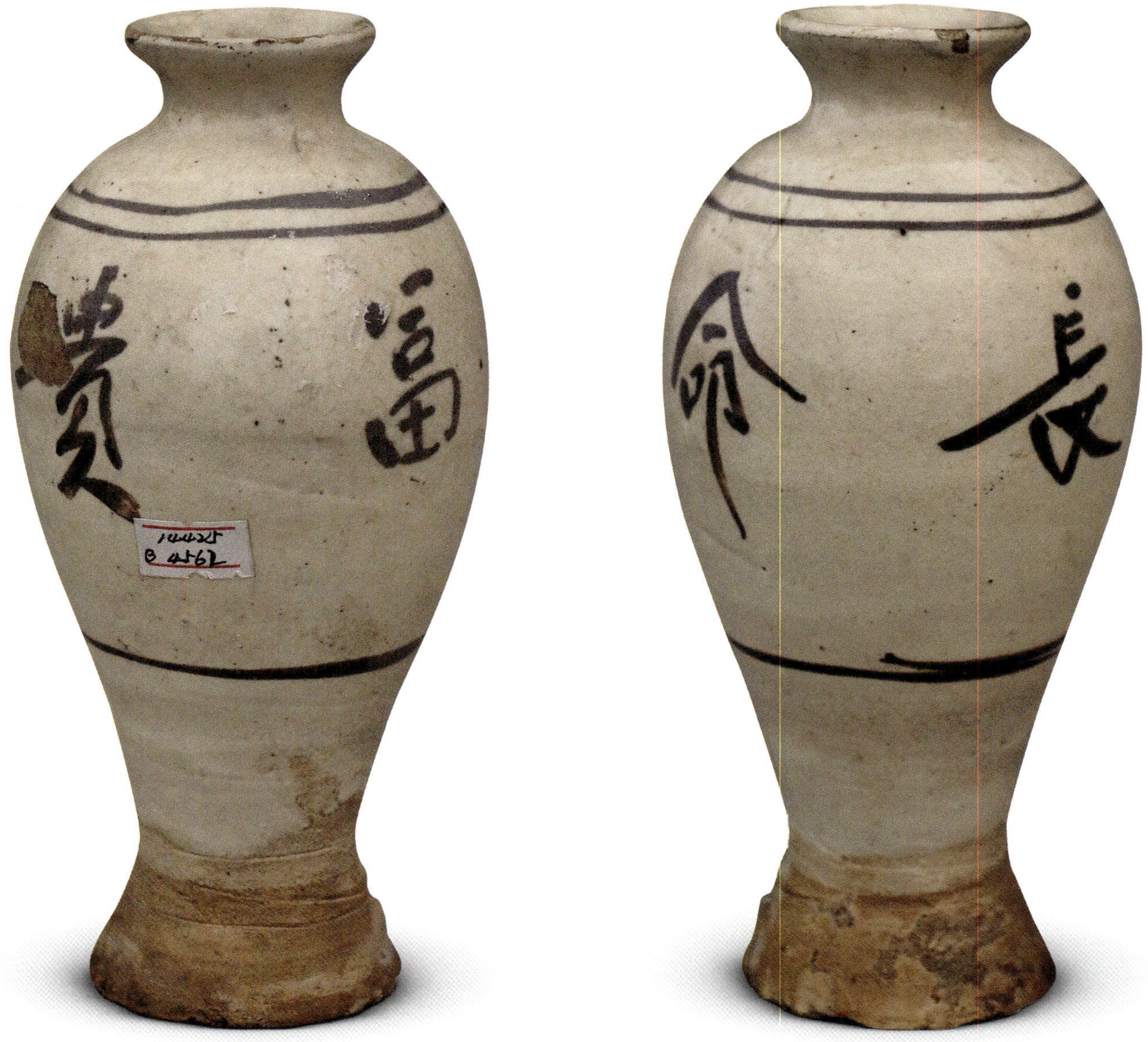

27

青花『寿』字云凤纹高足杯

Blue-and-White Stem Cup with Cloud and Phoenix Pattern and Character for Longevity

元（1271～1368年）

口径11.7、高9.4厘米

河北博物院藏

侈口，弧腹，竹节形高圈足，足底残，有冲口两道。胎质坚硬致密，胎色洁白，釉层薄，釉色白中闪青。器内口沿绘青花缠枝花卉，杯底行草“寿”字，器外壁绘两只长尾飞凤，凤间点缀云纹。青花呈色较灰暗，绘画笔法流畅自然。定兴县南关大队窖藏出土。

28

錾寿桃纹金托盘

Repoussé and Chased Gold Tray with Peaches

金（1115～1234年）

直径22.4、高1.3厘米

首都博物馆藏

托盘采用模压、锤揲、錾刻等工艺制成，浅腹弧壁，平底，盘沿平折。盘中心为一凸起杯座，座心及外缘錾刻几何形十字花纹，极富装饰感，盘内及口沿饰连枝桃纹，寓意长寿富贵。这件精美的金盘造型规整，桃形纹饰呈半浮雕状，生动活泼，应是金代贵族阶层的实用器物。

29

『寿昌元宝』铜钱

Copper-Alloy Coin Inscribed "*Shouchang Yuanbao*"

辽（907～1125年）

直径2.3厘米

河北博物院藏

青铜质。方孔圆钱，面文“寿昌元宝”隶书，有内外廓。背面亦有内外廓，平素无文。

30

『寿山福海』大花钱

Token with Auspicious Inscription

元（1271～1368年）

直径6、厚0.5厘米

首都博物馆藏

铜铸吉语压胜钱，钱体较大，钱文直读“寿山福海”，取意“福如东海寿比南山”。福寿文化是中国的传统文化，代表了人们对幸福美好生活的愿景和向往。宋元时期盛行将此吉祥祝语铸刻在铜钱上，馈赠亲友或随身佩戴，用以祈福祝愿。

31

孙雪居款紫檀嵌银福寿纹六方杯

Silver-Inlaid *Zitan* Cup with Characters for Happiness, Fortune, and Longevity, Made by Sun Kehong

明（1368～1644年）

口径8、底径7.5、高8.5厘米

故宫博物院藏

此杯以紫檀木雕制而成，杯呈六方形，委角，下承六灵芝形矮足，内壁髹黑漆，口外沿及腹下部近足处嵌银丝回纹、浅浮雕卷草纹各一周，腹部饰有嵌银丝“福”“禄”“寿”字样，字体各异。杯柄镂雕梅枝，有两条螭龙穿行其间。杯底嵌银丝篆书“云间雪居仿古”六字方印。

“雪居”即明代文人孙克弘（1532—1611年），他是明代后期著名的书画家、藏书家、雕刻家，官至汉阳知府。明李绍闻《云间杂志》中记载孙雪居擅制作仿古紫檀嵌银丝器具，“刻为杯、斝、尊、彝，嵌以金银丝，系之以铭，极古雅，人争效之”。这件嵌银福寿纹杯选材考究，做工精致，造型典雅，不失为一件体现孙雪居美学艺术的佳品。

32

青玉寿字谷纹龙耳杯

Jade Cup with Dragon-Shaped Handles and Character for Longevity

明（1368～1644年）

长12，宽7.5，高4厘米

颐和园藏

青玉质，有绺裂。玉杯圆形，内侧掏膛后打磨光滑。外壁环绕乳钉纹一周，正中一圆圈内雕刻“寿”字。两侧透雕龙耳一对，单角卷尾，用于持拿。圈足矮小，形似玉璧。

33

和珅书《御制嘉平月朔开笔之作》青玉插屏

Green Jade Table Screen with Poem Composed by the Qianlong Emperor

清乾隆（1736～1795年）

长22.5、宽13.5、高2厘米

颐和园藏

青玉质，色泽莹润。玉板开料平整，琢磨精细，抛光极好。板面阴刻楷书和珅书御制诗《御制嘉平月朔开笔之作》，内容为："嘉平吉朔欣开笔，皇考家风钦创垂（每岁嘉平月朔开笔书福以赐王公及内外大臣，盖敬遵皇考时成例也）；敛福因之皆阐福（寺名，是日依例于是拈香，亦协迓喜，敛福之义云），于时慎亦锡惟时。三层楼阁仍躬陟（寺后佛楼凡三层，今日仍依旧登陟，尚不觉劳，仰蒙昊贶，年逾八表，实不敢不自强耳），八表康强赖昊禧；似此四年归政近，其能否曷敢言期。臣和珅敬书。"

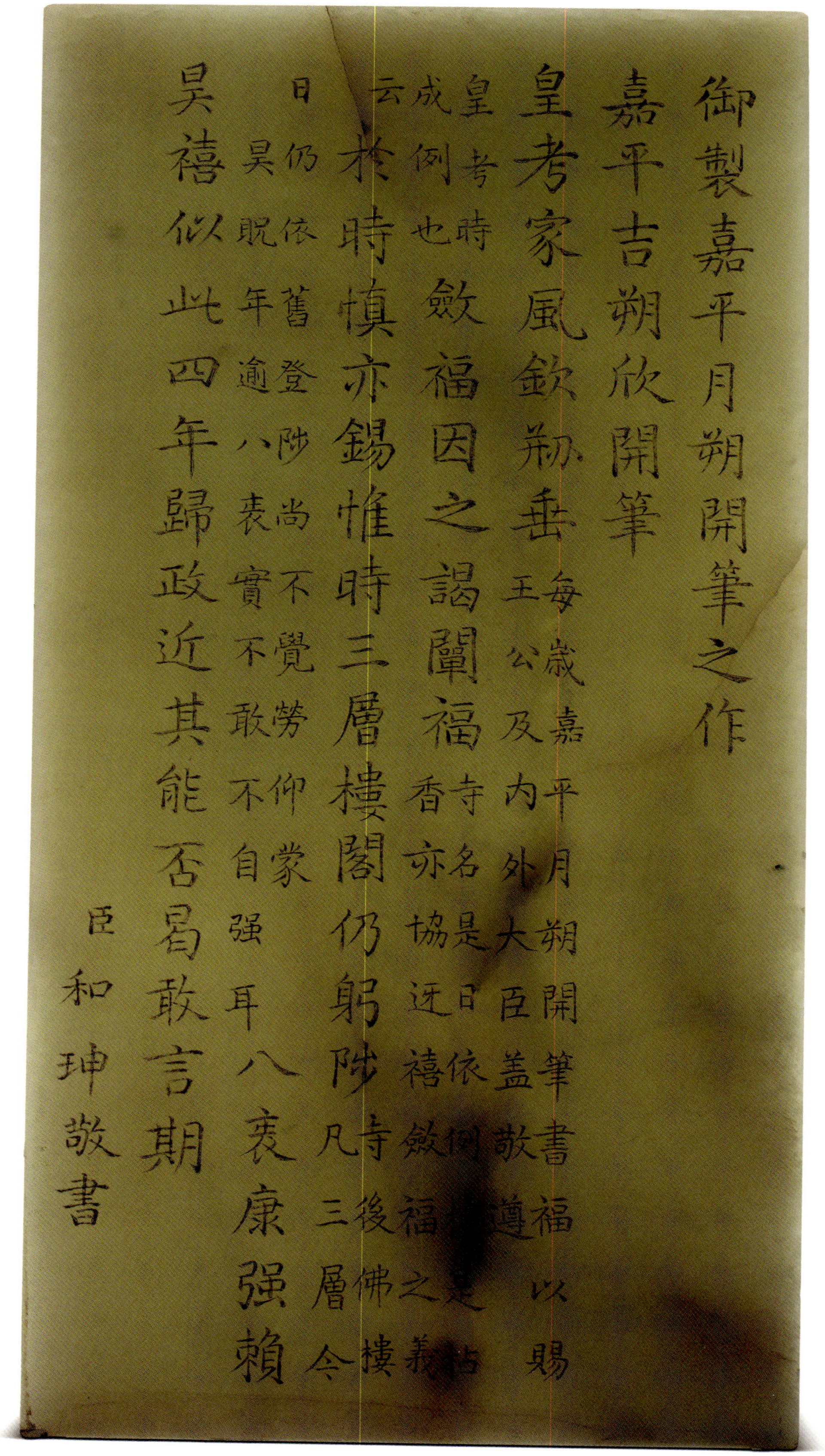
御製嘉平月朔開筆之作
嘉平吉朔欣開筆
皇考家風欽剏垂每歲嘉平月朔開筆書福以賜王公及內外大臣蓋敬遵
皇考時成例也斂福因之謁闡福寺名是日依例於是拈香亦協迓禧斂福之義云
於時慎亦錫惟時三層樓閣仍躬陟寺後佛樓凡三層今日仍依舊登陟尚不覺勞仰蒙昊貺年逾八表實不敢不自强耳
八表康强賴昊禧似此四年歸政近其能否曷敢言期
臣和珅敬書

御製嘉平月朔開筆之作

嘉平吉朔欣開筆

皇考家風欽紹垂每歲嘉平月王公及内外

皇考時成例也斂福因之謁闡福寺名香亦

云於時慎亦錫惟時三層樓閣日仍依舊登陟尚不覺勞仰蒙

昊貺年適八表實不敢不自

昊禧似此四年歸政近其能否

34

和珅书御制《五福五代堂记》碧玉如意

Spinach Jade *Ruyi* Scepter with Poem
Composed by the Qianlong Emperor

清乾隆（1736～1795年）
长45.9、宽10.1厘米
故宫博物院藏

碧玉质。如意背面光素，柄端穿孔系丝穗，穗缀二红珊瑚珠。如意正面镌刻楷书填金《五福五代堂记》："五福堂者，皇祖御笔赐皇考之匾额也。我皇考敬谨摹泐奎章于雍和宫、圆明园，胥用此颜堂，以垂永世。丙申年，予葺宁寿宫内之景福宫，以待归政后宴息娱老。景福者，皇祖所定名，以侍养孝惠皇太后之所也。予曾为五福颂以书屏，而未以五福名堂者，盖引而未发，抑亦有待也。兹蒙天贶予得元孙，五代同堂，为今古希有之吉瑞。古之获此瑞者，或名其堂以芗其事，则予之所以名堂，正宜用此五福之名。且即景福宫之地，不必别有构作而重熙累庆，仍即皇祖、皇考垂裕后，昆贻万世无疆之庥也。若夫获福必归于好德，而好德尤在好其善，以敛锡厥。庶民五章之中，三致意焉。兹不复赘予子孙曾元，读是记及堂中五福颂者，应敬思皇祖、皇考所以承天之福，必在于敬天爱民、勤政亲贤、毋忘旧章。予之所以心，皇祖、皇考之心，朝乾夕惕，不敢暇逸，以幸获五代同堂之庆，于万斯年，恒保此福，奕叶云礽。可不勉乎？可不慎乎？臣和珅敬书。"

五福五代堂記
五福堂者 皇祖
御筆賜 皇考之
扁額也我 皇考
敬謹摹泐 奎章
於雍和宮圓明園
胥用此顏堂以垂
永世丙申年予葺
寧壽宮內之景福
宮以待歸政後宴
息娛老景福者
皇祖所定名以
同堂為今古希
累慶仍即 皇
復贊予子孫曾
皇祖 皇考之

35

青花百寿字洗口瓶

Blue-and-White Vase with One Hundred Characters for Longevity

清康熙（1662～1722年）

口径12、底径14、高44.5厘米

颐和园藏

瓶撇口呈洗状，短束颈，溜肩，腹部以下逐渐收敛，到近足处外撇，圈足，外底仿写“大明成化年制”六字楷书款，外围双圈。口沿及器身通体以青花书写不同书体的“寿”字，字体流畅自然，排列整齐。据考证，此类以不同寿字为图案的器物，是康熙皇帝过万寿节（诞辰）时，御窑厂敬献的寿礼。

36

蓝地加金群仙拱寿妆花缎

Blue Brocaded Damask with Magic Fungus (*Lingzhi*) and Characters for Longevity

清末民初（1900～1920年）

幅宽77、纹样回头43厘米

清华大学艺术博物馆藏

此幅妆花缎在蓝色地上挖花盘织“群仙拱寿”纹样，主纹饰是图案化的灵芝，正拱举一篆体“寿”字，各行花纹均整齐地上下排列，相互错落，十分具有规律。寿字的上端两侧各织一个“卍”字，有“万寿”的寓意。灵芝历来被视为仙草，在工艺美术纹样中，以此象征“群仙”，故有“群仙拱寿”之说，意为众多神仙聚集庆寿，常被用在寿诞馈赠礼品的装饰上；匹头用捻金线织“正源兴本机妆缎”字样。“正源兴”为民国时南京丝织厂字号。

第二单元 SECTION TWO

寿山福海 PALACES AND GARDENS

从秦汉时期追慕“海上仙山”的道家求仙思想，至清代宫廷标榜“知者乐，仁者寿”的儒家价值观，中国古代园囿好似福寿文化在山河大地上的投影和物化，凡山水擘画、建筑题名、内外装修、瓦木砖石、莳花植树等，无不彰显着对“福寿”的祈求和渴望。

From the Daoist idea of seeking immortality in the Qin and Han dynasties by admiring “the immortal mountains on the sea” to the Confucian values of “intelligence prepares the way for joviality; benevolence prepares the way for longevity” in the Qing court, the ancient Chinese gardens are like the projection and materialization of the culture of happiness and longevity on the mountains and rivers. All the landscape paintings, building inscriptions, interior and exterior decorations, tiles and masonry, flowers and trees, etc., show the hopes and desires for “happiness and longevity.”

37

母子鹿纹瓦当

Eave-End Tile with Mother Deer and Fawn

战国（公元前475～前221年）

最大直径13.5、厚5.5厘米

古陶文明博物馆藏

圆形。当面高浮雕母子双鹿，母鹿目视前方、神态安详，小鹿亲依母鹿前胸，生动可爱。古人认为鹿是一种具有神性的动物，鹿能给人们带来幸福安康吉祥长寿，所以被人们视为祥瑞的动物。而且“鹿”是“禄”的谐音，因此鹿也常常被视为禄位、财富的象征。

38

奔鹿纹瓦当

Eave-End Tile with Galloping Deer

战国（公元前475～前221年）

最大直径14.5、厚15.8厘米

古陶文明博物馆藏

圆形。当面高浮雕单鹿，昂首翘尾，体态丰盈，形象生动。

39

『鼎胡延寿宫』瓦当

Eave-End Tile Used at Dinghu Palace

汉（公元前 206 ～公元 220 年）

最大直径 16.8、厚 3.8 厘米

古陶文明博物馆藏

圆形。当心单弦纹内一“宫”字，将当面分为四区，每区一字。外一弦纹，当面文字反书逆时针排列篆隶。传说轩辕黄帝仙逝升天于鼎胡，汉武帝在此修建鼎胡宫，欲求健康长寿。陕西蓝田地区采集。

40

『千秋万岁』瓦当

Eave-End Tile with Auspicious Inscription

汉（公元前 206 ～公元 220 年）

最大直径 17、厚 3.3 厘米

古陶文明博物馆藏

圆形。当面十字界格分为四区，每区一字，篆隶顺时针排列，外一弦纹。“千秋万岁”是汉代常用的祝福之语，寓意为千秋万年、岁月久长、福寿绵延、家族兴盛。陕西长安地区采集。

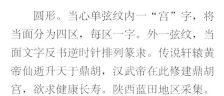

41

『延寿万岁』瓦当
Eave-End Tile with Auspicious Inscription
汉（公元前 206 ～公元 220 年）
最大直径 15.6、厚 3.2 厘米
古陶文明博物馆藏

圆形。当面中央为一乳钉，内圈用十字双线划分为四扇面，书"延寿万岁"四字，篆书体。"延寿万岁"为颂祷之辞，表达了古人祈求长寿的愿望。

42

『与天无极』瓦当
Eave-End Tile with Auspicious Inscription
汉（公元前 206 ～公元 220 年）
最大直径 22、厚 4.6 厘米
古陶文明博物馆藏

圆形。当心一乳钉纹，外一弦纹，外双十字界格，将当面分为四区，每区一字，篆隶顺时针排列。"与天无极"是汉代常用的祝福之语，其寓意为与天同寿，与地长存，岁月久长，江山永固。陕西长安地区采集。

43

『延年』瓦当

Eave-End Tile with Auspicious Inscription

汉（公元前 206 ～公元 220 年）

最大直径 15.3、厚 3.6 厘米

古陶文明博物馆藏

圆形。当面一引颈飞翔的鸿鸟，左右“延年”二字当面兼缀六枚小乳钉纹。字间之下，展翅飞翔的鸿鸟和“延年”二字，表现了当时人们祈求长生、吉祥、幸福、安康长寿的美好愿望。

44

『维天降灵延元万年天下康宁』瓦当

Eave-End Tile with Auspicious Inscription

汉（公元前 206 ～公元 220 年）

最大直径 16.4、厚 2.4 厘米

古陶文明博物馆藏

圆形。当面一弦纹，内纵三行文字，每行四字，篆隶顺时针排列，间缀乳钉、花草纹。此为汉瓦中文字较多的瓦当，寓意为祈愿上苍护佑，国运长久、延元万年、人民安居乐业、合乐安康。

45

『永受嘉福』瓦当

Eave-End Tile with Auspicious Inscription

汉（公元前 206～公元 220 年）

最大直径 15.8、厚 2.8 厘米

古陶文明博物馆藏

圆形。当面以十字交叉线划分为四格，书“永受嘉福”四字；鸟虫篆，结体疏密均匀，线条盘曲回绕，极富装饰性。《汉书·礼乐志·安世房中歌》：“其诗曰：承帝明德，师象山则。云施称民，永受厥福。承容之常，承帝之明。下民安乐，受福无疆。”“永受嘉福”为祈福之语。

46

『千秋』瓦当

Eave-End Tile with Auspicious Inscription

汉（公元前 206～公元 220 年）

最大直径 12.7、厚 2.5 厘米

古陶文明博物馆藏

圆形。当面篆书“千秋”二字，“千秋”是汉代常用的祝福之语，寓意为江山千秋万年、岁月久长、福寿绵延、家族兴盛。陕西长安地区采集。

47

『万岁』瓦当

Eave-End Tile with Auspicious Inscription

汉（公元前206～公元220年）

最大直径15.5、厚7.6厘米

古陶文明博物馆藏

圆形。当面篆书“万岁”二字，“万岁”是汉代常用的祝福之语，寓意为江山千秋万年、岁月久长、福寿绵延、家族兴盛。陕西长安地区采集。

48

『延年益寿』瓦当

Eave-End Tile with Auspicious Inscription

汉（公元前206～公元220年）

最大直径16.5、厚3.5厘米

古陶文明博物馆藏

圆形。当面一弦纹，内双十字界格，将当面分为四区，每区一字，篆隶顺时针排列。此瓦当是先民祈求长生思想的绝妙载体，“延年益寿”至今已成为常用语。陕西长安地区采集。

49

『长乐未央』瓦当

Eave-End Tile with Auspicious Inscription

汉（公元前 206～公元 220 年）

最大直径 16、厚 3.8 厘米

古陶文明博物馆藏

圆形。当心一乳钉纹，外一弦纹，双十字界格将当面分为四区，每区一字，篆隶顺时针排列，外一弦纹。此为皇帝宫殿专属用瓦，寓意快乐永世无尽，福寿绵延。也体现帝王对自我的期许“君与臣民长合长乐”。陕西长安地区采集。

50

『永奉无疆』瓦当

Eave-End Tile with Auspicious Inscription

汉（公元前 206～公元 220 年）

最大直径 18.3、厚 5 厘米

古陶文明博物馆藏

圆形。当心一乳钉纹，外环小乳钉纹，外一弦纹，双十字界格将当面分为四区，每区一字，篆隶顺时针排列。表示无边无际，永世长存，江山万代。陕西长安地区采集。

51

『亿年无疆』瓦当

Eave-End Tile with Auspicious Inscription

汉（公元前206～公元220年）

最大直径16.5、厚8厘米

古陶文明博物馆藏

圆形。当心一乳钉纹，外环小乳钉纹，外一弦纹，双十字界格将当面分为四区，每区一字，篆隶顺时针排列。寓意无边无际，永世长存。陕西礼泉地区采集。

52

『八风寿存当』瓦当

Eave-End Tile with Auspicious Inscription

新莽（公元9～23年）

最大直径15、高4.8厘米

中国园林博物馆藏

新莽时期“八风寿存当”瓦当，泥质灰陶，瓦沿有磕、无瓦筒。边轮内有凸弦纹一周，当面由双线界格纹分成四部分，内书阳文篆字“八风寿存当”。当心饰两周凸弦纹，内外圈之间饰小乳钉纹，内圈饰一乳钉纹。

53

『寿山福海』铭文铜镜

Bronze Mirror with Auspicious Inscription

金（1115～1234年）

直径16.7厘米

首都博物馆藏

圆形，圆纽，宽素缘。纽的左右两侧各铸有二字铭文，自右至左连读为“寿山福海”。缘上镌刻“密云县及花押”。

54

『寿山福海』龙纹铜镜

Bronze Mirror with Dragon and Auspicious Inscription

明洪武（1368～1398年）

直径10.7厘米

上海中国航海博物馆藏

圆形，山形纽，纽右侧一龙飞腾于云中，龙首在纽下，身躯蜿蜒盘旋而上，同类镜左侧长方框内大多铸“洪武二十二年”字样，而此镜铸铭为“寿山福海”，较为少见。

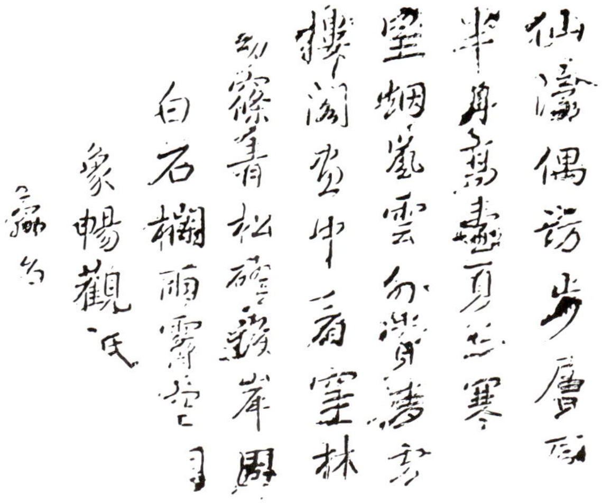

55

道光御笔『瀛海仙山』诗石刻

Carved Stone with Calligraphy "Fairy Hill at the Sea" by Daoguang Emperor

清道光（1821～1850年）

长约76、宽约50、厚约45厘米

圆明园藏

此刻石于1985年整修圆明园福海景区时出土，后一直存放于蓬岛瑶台东岸。

蓬岛瑶台一景原有乾隆、嘉庆、道光御笔刻石多处，今仅残存道光“瀛海仙山”诗刻石一件。诗文为“仙瀛偶访步层峦，半月高台夏亦寒。入望烟岚云外赏，凌虚楼阁画中看。穿林窈窕青松磴，护岸周遭白石栏。雨霁空明澄万象，畅观衹觉水天宽”。

56

葫芦陶范

Clay Mold with Auspicious Inscription

清（1644～1911年）

长11.2、宽8厘米

圆明园藏

陶质。模子内壁阴刻一周回纹带状装饰，另刻五蝠捧寿纹饰、“寿”字等，布局疏密有致，内容寓意吉祥。

陶范是用阳文木胎翻成的阴文模。一般先制作可分为多瓣的阳文木胎，镟削出成品的形状拼合，有的外壁刻阳文图案，用黏土调泥，包敷在木胎之外，待泥稍干后，从中间依次将木胎抽去，得到一个中空的泥范，将其入窑焙烧，再将陶范外壁打磨光滑，即可使用。

57

琉璃无量寿佛壁砖（一组）

Set of Glazed Bricks with *Amitāyus*, the Buddha of Eternal Life

清（1644～1911年）

宽 18～24、厚 16.5、高 26 厘米

北海公园藏

此组佛像为北海永安寺内善因殿建筑残件，善因殿建成于乾隆十六年（1751），墙身用 455 尊（块）无量寿佛佛像贴面。佛像高 26 厘米，佛像头均损坏，双手托宝瓶于脐前，两足以金刚跏趺安坐于莲座上，显示出长寿佛所具有的增寿命及福德智慧的神威。

58

光绪御笔『景福来并』蝙蝠形木匾

Bat-Shaped Wooden Plaque with Calligraphy "Prosperity and Happiness" by Guangxu Emperor

清光绪（1875～1908 年）

长 127、宽 64、厚 13.5 厘米

颐和园藏

木质蝙蝠式横匾，清光绪年制，悬挂于乐寿堂西配殿西向外檐。匾身呈蝙蝠形，底部雕刻为蝙蝠头，两侧分别饰有万字、团寿和盘长结。匾心刻有描金楷书“景福来并”匾文及篆书“光绪御笔之宝”印文额章。

59

『福』字瓦当

Eave-End Tile with Character for Happiness

清（1644～1911年）

长8.5、宽1厘米

圆明园藏

陶制，圆形有残缺，圆心模印“福”字，四周对称模印仙鹤云纹，出土于圆明园。

60

『寿』字勾头（一组）

Set of Eave-End Tiles with Various Characters for Longevity

清（1644～1911年）

长17.7～37.8厘米

颐和园藏

陶制，勾头端部呈圆形，圆心模印“寿”字。此类寿字纹勾头种类丰富、字形多样，是颐和园殿宇院墙中常用的建筑构件。

61

『延年』勾头

Eave-End Tile with Inscription for Longevity

清（1644～1911年）

长19、宽11、高9.6厘米

颐和园藏

陶制，勾头端部呈圆形，圆心模印“延年”二字，有“延年益寿”的美好寓意。

第三单元
SECTION THREE

福寿万象
DECORATIVE ARTS

中国福寿文化在长期发展过程中，形成了形象生动、寓意鲜明、内容丰盈的符号表达系统。仙界翁姑，历史人物、传说故事，祥禽瑞兽，名树奇花，福寿字样等，均被人们赋予了福寿的性灵和祈愿，并以饱满的情感和精湛的工艺倾注于一切生活器用之上。

During its long-term development, the Chinese culture of happiness and longevity has formed a symbolic expression system with vivid images, distinctive meanings, and rich contents. The immortal world, historical figures, legends and stories, auspicious birds and beasts, famous trees and exotic flowers, and characters for happiness and longevity have all been endowed with spirit and hope. They are applied to decorative arts with full emotion and exquisite craftsmanship.

62

白玉雕三星庆寿山景

White Jade Mountainous Landscape Featuring Gods of Happiness, Fortune, and Longevity

清乾隆（1736～1795年）

长12、宽9、高14厘米

颐和园藏

白玉质，山子正面上部雕刻西王母捧寿及仕女，下部雕刻福禄寿三星。福星，又为天官，以赐福为职，统摄天界，役使鬼神。禄星，又指文昌，主文人之功名利禄。寿星，又称南极老人，主安康长寿。三星通常是三位一体，有三星拱照，增添福禄，安康长寿，此为三星为王母庆寿情景。背面雕刻松柏、仙鹤、鹿寓意长寿题材。

63

白玉雕福禄寿如意

White Jade *Ruyi* Scepter with Gods of Happiness, Fortune, and Longevity

清道光（1821～1850年）

长44、宽11.5、高5.5厘米

颐和园藏

白玉质。以整块白玉雕琢而成，质地光润，首部似灵芝，雕福禄寿三星；中腹及尾部皆雕有仙人纹饰。清代进贡以如意为先，寿典婚宴的礼物中也较为常见。

64

百宝福禄寿红珊瑚盆景

Coral Bonsai with Gods of Happiness, Fortune, and Longevity

清光绪（1875～1908年）

长55.5、宽27、高65.5厘米

颐和园藏

以珊瑚质地为主，辅以绿松石、青金石、水晶、蜜蜡、碧玺、翡翠等材质。下部青金石上分别雕刻福禄寿三星，珊瑚刻成龙舟形，珊瑚树上挂有石榴、桃、佛手，寓意“多子、多寿、多福”。松石上白玉莲花上卧以童子捧桃。白玉瓶中插珊瑚、万年青、蒲棒。此件文物为光绪三十年慈禧太后七旬万寿庆典时，大臣周浩进贡寿礼，当时名为珊瑚枝龙舟嵌珊瑚青玉蜜蜡金石仙人出瓶盆景。

65

白玉寿星

White Jade Figure of the God of Longevity

明晚期（1524～1644年）

长8.2，宽3.5，高12.5厘米

颐和园藏

白玉质。此玉主体为寿星，笑颜弯眉，长耳垂肩，美髯齐长，宽袍大袖，衣袂飘逸，正一手捧仙桃，一手抚摸童子头顶。童子立于寿星身前，拄着拐杖，面露微笑。另一侧有一鹿依附在寿星身旁，半立半卧，昂首望向仙桃。纹饰碾琢精细，须发自然，褶皱清晰。木座随玉而做，雕花草纹饰。寿星、仙桃、鹿、童子，寓意长寿、福禄、多子，以此祝愿福寿双全，高官厚禄。

66

白玉寿星

White Jade Figure of the God of Longevity

清乾隆（1736～1795年）

长5，宽4，高9.6厘米

颐和园藏

白玉质。寿星高额长须，眉目祥和，身微前屈。一手捧桃，一手执杖，宽袍大袖，衣袂飘逸。寿星是中国神话中的长寿之神，题材经典，寓意吉祥。

67

白水晶寿星

Crystal Figure of the God of Longevity

清光绪（1875～1908年）

长8、宽4.7、高21.6厘米

颐和园藏

白水晶质，整料雕寿星。寿星高额隆起，笑颜弯眉，身微前屈，长髯琢刻精致细密，手持灵芝仙草，有祈求长寿之意。

68

青玉寿星

Green Jade Figure of the God of Longevity

清（1644～1911年）

长6.6、宽4.6、高16.3厘米

颐和园藏

青玉质，带皮，有绺裂。此玉以圆雕手法琢刻一老翁，前额隆起，眉眼带笑，长髯垂垂，面容慈祥。他左手持如意，右手捧桃，衣袂飘飘，纹理自然。玉料上的皮色被俏色处理，使衣褶和仙桃更显生动自然。寿星又称“南极仙翁”，是我国长寿之神。

▲ 马昂《寿星图》

69

竹根雕寿星

Bamboo Root Figure of the God of Longevity

清（1644～1911年）

长14.2、宽11.6、高35.4厘米

颐和园藏

此摆件为竹根制，为“八仙庆寿”中的一件。雕像立式，寿星头部隆起，是传说中的典型形象，额部褶皱，胡须自然下垂，身形微佝，尽显老者的形象，双眼微挑，嘴部略笑，和蔼可亲；一手捧寿桃，一般认为是王母娘娘蟠桃园中的仙桃，可延年益寿；一手持杖，此杖在传说中材质为桃木，可祛病强身，延年益寿。

70

沉香木雕寿星

Chenxiangmu Figure of the God of Longevity

清（1644 ~ 1911 年）

长 23.6′ 宽 17.8′ 高 54.5 厘米

颐和园藏

此寿星为沉香木制，头部高高隆起，是典型的寿星形象，天庭饱满，几道阴刻线条简单自然，恰到好处地塑造了老者的形象；眉骨高耸，双眼深邃，弯曲的弧度呈现出微眯的状态，与眼角的皱纹相结合，尽显慈祥；双耳大而肥厚，脸颊微陷，胡须浓密，垂至腹部。衣襟宽大，表面起伏不平的刻痕使寿星更像是身披蓑衣，但从袖口、下摆略微向后摆的形象来看，又似这件衣服会随风而动，保留了人物的仙气。双手持如意，如意头部呈灵芝形，通体扁平镂雕灵芝及花卉，柄部呈枝干状。

71

青花粉彩寿星童子灯笼瓶

Famille Rose and Underglaze-Blue Vase with the God of Longevity and Acolyte

清（1644～1911年）

口径5.8、底径5.6、高18.8厘米

颐和园藏

瓷瓶撇口，直颈，折肩，下腹渐收，圈足。胎体较薄，胎质洁白细腻；釉质莹润，釉色微泛青。全器口沿和足根处仅以青花箍线简单装饰，器身绘寿星图：梧桐树下，童子搀扶寿星公，二人手持双环，一旁仙鹿口衔灵芝而来。寿星衣着、背景栏杆和灵芝草叶采用青花勾线并涂色，与粉彩的俏丽形成鲜明对比，给人成熟沉稳之感。底青花篆书仿写“大清乾隆年制”款。

72

竹根雕群仙乘槎摆件

Bamboo Root Carving of Immortals Crossing the Sea

清（1644～1911年）

长60.3、宽16.2、高33.1厘米

颐和园藏

此摆件为竹根制。竹根随形雕成，首部平直，尾部上翘，可清晰地看出桃叶簇拥着仙桃，与弯曲盘结的桃枝随形组成船的顶棚。船两侧各有两年轻男子划桨，群仙乘坐在宝船之上，或对弈，或赏画，或围坐闲谈，或饮酒作乐，动作各异，表情丰富，悠然闲适。此作品采用镂雕、圆雕等手法，根据材料巧妙设计、雕刻，配以海水造型的底座，展现出群仙乘船的场景。

73

金漆梅花树八仙过海槎形盆景

Miniature Landscape of Eight Immortals Crossing the Sea

清（1644 ~ 1911 年）

长 38.5、宽 31、高 53.5 厘米

颐和园藏

此盆景以梅花树为主景，树干为木制，表面涂金漆，花瓣以料石、珍珠制作而成，底部呈槎形。八仙环布，何仙姑握橹使船前行；其余仙人手持法器，神态各异。四周用珊瑚等料模拟海水、植物，因海水翻涌而出来查看的精怪藏于其中。

74

桦木根雕八仙庆寿山景

Birch Root Carving of Mountainous Landscape with Eight Immortals Celebrating Birthday

清（1644～1911年）

长86、宽39、高76.5厘米

颐和园藏

此山景由桦木根雕刻而成，山上立有圆雕而成的八仙及寿星，各自手持法器，脚踏鱼、虾、蟹、莲叶、乌龟等，山体间可见松柏灵芝，皆有长寿的寓意，下方雕刻出波浪纹，好似仙人由仙山渡海而来；底座为平台样式，上有栏杆将山景环绕其中，下方仿山石凸起，与主体相呼应。

75

沉香木雕群仙庆寿茶壶形摆件

Chenxiangmu Teapot-Shaped Sculpture of Immortals Celebrating Birthday

清（1644～1911年）

长19.2、宽9.8、高26.5厘米

颐和园藏

此摆件为沉香木制，呈壶形，盖纽为寿星形象，头部高高隆起，面部和蔼慈祥，一手持如意，一手捧仙桃，一童子依在身边，坐于祥云之上；较光滑处为壶嘴，雕松树处为壶柄；壶身一面雕“福禄寿三星”，左为福星，怀抱孩童，右为禄星，手持如意，寿星居于下方一手持拐杖，一手捧仙桃，另有一持莲童子位于左侧。壶身另一面雕“八仙庆寿”，靠近壶柄处仙人为曹国舅、吕洞宾，中部为汉钟离、何仙姑、韩湘子、蓝采和、铁拐李，张果老位于靠近壶嘴处；壶身底部雕山石、松柳纹饰，上部雕云纹，更显仙境缥渺。

76

沉香木雕群仙庆寿如意

Chenxiangmu Ruyi Scepter of Immortals Celebrating Birthday

清（1644～1911年）

长53、宽17、高13厘米

颐和园藏

此如意头部呈云头状，柄身微曲。上面雕刻的内容取材于“八仙庆寿”的神话故事：八仙与寿星同赴王母寿宴。图中寿星乘鹤驾云，引领在先，小童双手执杖，紧随其后。八仙登于仙台之上，周围以松柏寿石、仙禽蟠桃、祥云瑞霭等衬景。

77

白玉雕八仙庆寿如意

White Jade *Ruyi* Scepter with Eight Immortals Celebrating Birthday

清（1644～1911年）

长48、宽13、高6厘米

颐和园藏

白玉质，玉质莹润光亮，局部有黄褐色玉皮。如意头为扁圆形，边缘雕花口。如意首、中腹、尾部分别浮雕中国传统八仙人物纹饰，八位仙人手持法器，神态各异。如意柄间隙雕刻有蝙蝠、磬和鱼等纹饰，寓意“福庆有余”。整体纹饰雕刻细腻，线条流畅，人物形象生动逼真。

78

本色地八仙庆寿图缂丝裱片

Silk Tapestry with Eight Immortals Celebrating Birthday

清（1644～1911年）

纵151、横76厘米

清华大学艺术博物馆藏

此幅作品在本色地上，织“八仙庆寿”纹样，“八仙庆寿”是自宋元以来的传统纹样题材。此作以彩色纬线缂织出八仙与西王母，人物形象生动饱满，画面上方为驾凤而来的西王母，只见一棵青松耸入云间，两只仙鹤盘旋于枝头；画面中心部分描绘了站立于亭台之上，迎接王母的寿星及四仙，另有四仙位于画面下方，画中鹿与仙鹤寓为“鹿鹤同春”。画面景色优美，层次多样，人物塑造惟妙惟肖，并添置了流云、山石、仙鹤、凤凰、鹿等作为装饰，呈现出飘逸高雅的仙境氛围，也表现出作者高超的织造技艺。

79

紫地粉彩庆寿图垂云瓶

Famille Rose Vase with Birthday Celebrating Scene on Purple Ground

清嘉庆（1796～1820年）

口径9.5、底径10.5、高31厘米

颐和园藏

瓶翻口垂云，长颈，溜肩，圆腹，矮圈足，造型俊逸挺拔。胎体较薄，胎质坚细，釉面光润。瓶身紫地为衬，满绘缠枝番莲，并点缀磬、仙桃等吉祥元素图案。主体画面一面为西王母骑凤凰从天而来，八仙在楼阁间为其庆寿；另一面绘众仙为驾鹤寿星庆寿之景。画面逼真细腻，做工精湛，为嘉庆官窑上乘之作。瓶底及内壁均罩松石绿釉，红彩篆书款“大清嘉庆年制”。

铜胎珐琅麻姑携鹿

Cloisonné Enamel Sculpture of Magu and Deer

清（1644 ~ 1911 年）

长 33、宽 23、高 61.5 厘米

颐和园藏

麻姑发髻高挽，面相丰腴。一手持药锄，锄柄搭在肩上，末端挑一花篮，篮中装有花束；一手抚鹿，灵鹿口衔灵芝，背环仙草。

81

蓝绸地绣麻姑献寿裱片

Blue-Ground Damask with Magu Offering Longevity

清（1644～1911年）

纵72，横37厘米

清华大学艺术博物馆藏

此幅作品在蓝绸地上绣制"麻姑献寿"纹样，只见麻姑乘槎，前有山石、灵芝、竹子，舟船之上放有荷花、花篮、寿桃、牡丹等，左上角的桃树，天竺均结果实，有"多寿多子"的寓意，右上角两仙鹤、红蝠齐飞；有"洪福齐天、鹤寿延年"的寓意。此画面主要以三蓝绣绣制而成，人物塑造精细，配色自然和谐，寄意福寿安泰，整体给人一种典雅细腻之美。

82

白玉雕麻姑献寿摆件

White Jade Carving of Magu Offering Longevity

清乾隆（1736～1795年）

长11.5、宽2、高7厘米

颐和园藏

白玉质。镂空圆雕仙人乘槎，花篮置于槎中部，内放寿桃等仙果。麻姑面带笑容，手持枝条，立于槎尾。船夫亦笑容憨厚，甚是喜人，双手持桨，向前划动。传说有在三月三日西王母的寿辰时，麻姑在绛珠河边以灵芝酿酒祝寿的故事。古时以麻姑代表高寿，民间为女性祝寿时常送麻姑像，取名麻姑献寿。

83

嵌玉麻姑献寿树根山景

Root Carving of Mountainous Landscape with Jade *Magu* Offering Longevity

清（1644～1911年）

长66.5、宽37.5、高90.5厘米

颐和园藏

此山景用树根制成山石树木，除其间一白玉制麻姑外无其他材质。麻姑一手持挂果桃枝，一手环抱仙桃，脚边伴随凤凰；身后立一木雕灵鹿，口衔灵芝，右侧立一仙鹤，颈部昂扬回望。麻姑、鹿、鹤都有长寿的寓意。

84

青花粉彩海屋添筹象腿尊

Famille Rose and Underglaze-Blue Vase with Longevity Theme

清乾隆（1736～1795年）

口径 11.6、底径 10.8、高 34 厘米

颐和园藏

盘口，短束颈，圆肩，下腹内收，浅圈足，造型挺拔饱满，因形似象腿，故名。整体分为五层装饰带，由上至下依次为：回纹、花卉、如意云肩、人物画片、如意云头。首尾青花装饰，遥相呼应。中间以粉彩绘“海屋添筹”“麻姑献寿”两则故事。皆为祝愿长寿之美好寓意。底款青花篆书“大清乾隆年制”。

85

青玉雕海屋添筹螭耳扁壶

Jade Jar with Hornless-Dragon-Shaped Handles and Longevity Theme

清乾隆（1736—1795年）

长11、宽4、高21厘米

颐和园藏

青玉质。此器分为盖、身两部分。盖饰回纹，扁纽光素。平口，束颈，圆肩。颈侧饰螭龙形双耳，耳为镂雕。深腹，腹部渐收，雕海屋添筹纹饰，海浪翻滚，楼阁浮现于波涛之中，仙鹤口衔竹筹，飞翔于云间。整器造型端庄周正，装饰精美华丽，工艺精细缜密。

86

紫石雕海屋添筹紫檀嵌牙插屏

Zitan Table Screen with Longevity Theme and Ivory Dragons

清乾隆（1736～1795年）

长72.5、宽35、高109.5厘米

颐和园藏

此屏边框与底座以紫檀木制作而成，并镂空雕刻繁复的花草纹，镶嵌有木雕山景和牙雕龙纹。屏心依石料的色泽雕琢海浪、楼台、人物。运用藏画手法雕刻出天边飞来仙鹤口衔木枝，三位长者驾云交谈。屏心雕刻海屋添筹典故为清宫中常见装饰纹样。

87

碧玉雕九老图方笔筒

Spinach Jade Rectangular Brush Pot with Nine Elders

清乾隆（1736～1795年）

长15、宽15、高15厘米

颐和园藏

碧玉质，玉质匀净，颜色墨绿。笔筒为海棠式方形，采用圆雕、浮雕、镂雕等技法在筒身四面琢刻出山水人物等景观，图案层次分明，呈现画境般的立体效果。

88

白玉雕东方朔偷桃摆件

White Jade Sculpture of Dongfang Shuo Stealing Peaches of Longevity

清乾隆（1736～1795年）

长13、宽5.7、高12厘米

颐和园藏

白玉质，玉色青白，莹润无暇，圆雕东方朔，长髯垂胸，宽袍广袖，衣褶线条流畅，腰间系带，所雕人物左足微前立于石畔，肩负偷摘的桃枝，面露喜色，眉目宛然。左下方立一小兽，回首而望。

89

黄际明东方朔偷桃图贴落

Dongfang Shuo Stealing Peaches of Longevity by Huang Jiming, Affixed Hanging

绢本设色

清光绪（1875～1908年）

纵153、横76.1厘米

颐和园藏

此图题材取自东方朔偷桃的典故，故事中东方朔曾三次偷食西王母的仙桃，而享有一万八千岁以上的寿命。民间奉其为寿星，表达了人们祈盼健康长寿的美好愿望。图中描绘人物白发苍苍，衣袍宽大，双手抱桃，欲向前奔跑的瞬间场景。人物衣纹飘逸，线条简洁，形态传神。

左下落款“臣黄际明敬画”。钤盖白文印“黄际明印”。

90

粉彩开光人物纹双狮耳荷叶口大瓶

Famille Rose Baluster Vase with Lion-Shaped Handles and Figural Scenes

清同治（1862～1875年）

口径33、底径30、高93厘米

颐和园藏

折沿，花口下翻形如荷叶；束颈，双狮耳，溜肩，下腹外撇，圈足。胎体厚重，胎质略粗疏。通体衬粉色地满花装饰，开光内绘“郭子仪拜寿”图，两侧开光内绘八仙，颈部贴塑太狮少狮。郭子仪是唐朝名臣，在朝忠君护国，平定安史之乱；治家有道，子孙争气，富贵奢靡;集福、禄、寿、喜、财于一身，名满天下，深受世人敬仰。此瓶场面热闹，寓意美好。

91

多宝松鼠葡萄硬木小立柜

Cabinet with Squirrels, Grapes, and Deer

清（1644～1911年）

长51.2、宽23、高97.5厘米

颐和园藏

此立柜上部景观以料石、牙骨为原料，主体纹饰为松鼠葡萄，寓意多子多福，子孙昌盛，是清代常见的吉祥纹饰；下部浮雕云纹及蝠纹处为抽屉，下方双开柜门嵌珐琅面，装饰缠枝花卉纹及寓意"福庆"的蝙蝠与磬。

92

铜胎掐丝珐琅福寿缠枝莲纹双龙耳转心瓶

Cloisonné Enamel Revolving Vase with Dragon Handles and Intertwining Lotus Pattern

清（1644～1911年）

口径21、腹径35、高64厘米

颐和园藏

此瓶撇口，长颈，鼓腹，圈足。通体绘缠枝莲纹；口部一圈回纹，颈部有长寿字，下绘蝙蝠铜钱相连组成的“福到眼前”图案，颈部两侧各有一抱灵珠祥龙；腹部绘蝙蝠、盘长、团寿组成“福寿绵长”图案，四面中部皆有开光，镂雕双龙戏珠，底部亦有蝠纹，最下端为一圈回纹。转心瓶是清代创造的一种样式，转心瓶分为内瓶和外瓶，外瓶多有镂空，此件转心瓶颈部、腹部、底座三部分皆可转动。

93

粉彩万蝠番莲纹兽耳垂云瓶

Famille Rose Baluster Vase with Happiness and Longevity Pattern

清乾隆（1736～1795年）

口径15、底径17.5、高47厘米

颐和园藏

瓷瓶撇口，唇沿下翻做垂云状，束颈，堆塑兽耳一对，圆肩，圜腹，圈足，造型雄逸俊美。胎体较厚，胎质洁白坚细；釉层平滑光润。瓶身主体图案为缠枝番莲，间或点缀磬、万字纹、如意头；自肩颈处被装饰的团寿字和云蝠纹分隔成上下两部分。底足罩松石绿釉，红彩篆书“大清乾隆年制”款。此瓶垂云口造型别致新颖；地衬明黄釉，敷彩浓厚鲜艳，兽耳罩珊瑚红釉并施金彩，更显皇家气象，富丽堂皇，是乾隆官窑粉彩瓷器之精品。纹样虽程式化，但代表了古人对洪福齐天、庆寿万代的美好追求。

94

粉彩万蝠番莲纹方瓶

Famille Rose Vase with Pattern for Happiness and Longevity

清乾隆（1736～1795年）

口径8、底径9、高32.5厘米

颐和园藏

方瓶撇口，束颈，折肩，下腹渐收，圈足外撇，造型挺拔周正。胎体较薄，胎质洁白坚细；釉面莹白剔透。通体满布缠枝番莲，正中绘红蝠衔万字璎珞，寓意洪福万代。底足罩松石绿釉，红彩篆书“大清乾隆年制”款。此瓶造型方正规整，敷彩浓厚艳丽，口沿与底足一周施珊瑚红加金彩，更显清宫用瓷之奢华。

95

铜胎画珐琅番莲蝠纹瓜楞捧盒

Copper Box Painted in Enamels with Happiness and Longevity Pattern

清（1644～1911年）

口径34、高9厘米

颐和园藏

此捧盒整体呈圆形，边缘呈瓜楞状，有圈足。通体以粉色珐琅釉为地，盖顶部彩绘莲花，四周环绕以蝙蝠；器身与器盖的莲瓣内，彩绘黄色蝙蝠，以缠枝番莲环绕；器内书红彩团寿，寓意福寿吉祥。捧盒内设有浅盘，盘上有莲瓣形小盘组成的攒盘，用以盛放各式干果。此捧盒设计独特，结构精巧。纹饰丰满和谐，高雅富丽，是晚清画珐琅器中的精细之作。

96

粉彩番莲福寿纹灯笼瓶

Famille Rose Vase with Happiness and Longevity Pattern

清嘉庆（1796～1820年）

口径5.5、底径5.8、高18厘米

颐和园藏

瓷瓶口微撇，短颈，圆肩，下腹渐收，矮圈足。因形似灯笼，故名。瓶身绿地为衬，满绘番莲纹，瓶口下方绘整圈仙桃；肩部四面各绘一蝙蝠衔桃，寓意福寿，两面绘月牙耳；底部绘莲瓣，承托瓶体，圈足处绘回纹，瓶底及内壁均罩松石绿釉，底款红彩篆书“大清嘉庆年制”。

97

朱漆彩绘描金福寿纹镜台

Gilt-Painted Lacquer Dressing Table with Happiness and Longevity Patterns

清（1644～1911年）

长35.5、宽21.7、高42.2厘米

颐和园藏

此镜台以红色为底，分为上下两部分，皆镂雕如意纹、团寿纹及蝙蝠。上部四面装饰围栏，内有五扇屏，屏风前有一可移动支架，架上倾立一圆镜；下部为平台式，有三个抽屉，下有四足，腿部嵌兽首，足为兽爪。

98

粉彩百蝶纹赏瓶

Famille Rose Vase with One Hundred Butterflies

清光绪（1875～1908年）

口径10、底径13、高39厘米

颐和园藏

瓷瓶撇口，长颈，溜肩，圆腹，圈足外撇。胎体较薄，胎质洁白细腻。釉面莹亮白皙。只在瓶口沿和下腹部分别以如意头、仰莲装饰，肩部围缠枝莲、长寿字纹样一周。瓶身通体绘各式蝴蝶，笔触细腻，点染繁复，纤毫毕现，每一只都与众不同，赋予灵动与飘逸之感。此瓶器形为典型的赏瓶式样，绘工高超，极具观赏价值。底款红彩楷书“大清光绪年制”。

99

红地缎绣花蝶纹氅衣

Red Satin Overcoat Embroidered with Flowers and Butterflies

清（1644～1911年）

身长140、通袖153、袖口25.2、下摆91厘米

颐和园藏

立领、大襟右衽、平袖、左右开裾至腋下，开裾边缘镶动物毛皮；以红色缎为面料，采用传统针线技法，在上面绣出各式彩蝶、折枝梅花、秋海棠纹样。图案所用绣线色彩丰富，配色细腻，不论花瓣还是蝴蝶的翅膀都有明显的渐变，生动自然，俏丽可人。古人将蝴蝶视为幸福美好的象征，又因“蝶”与“耋”谐音，《尔雅·释言》载“八十为耋”，故蝴蝶具有长寿的象征意义。

100

蓝地缎绣花蝶纹元宝底鞋

Blue Satin Ingot-Shaped Shoes Embroidered with Flowers and Butterflies

清光绪（1875～1908年）

长22、宽7.8、高14厘米

颐和园藏

清代后妃用鞋，鞋面为蓝色缎，装饰金线盘成的曲水纹绦边，左右对称绣出姿态各异的蝴蝶八只，飞舞于花瓣之间。鞋头装饰有红、黄二色线织绣的“寿”字；“蝶”与“耋”谐音，取“寿至耄耋”，长寿之意。鞋底上宽下窄呈倒梯形，称元宝底，以木头制成，外裱一层白布，用线纳出云纹，髹白漆；下边缝百纳布底，用针法缝出铜钱、如意等凹凸起伏的立体花纹，粗中带细，别具匠心。

101

粉彩八宝瓜蝶纹蝠耳瓶

Famille Rose Vase with Eight Buddhist Treasures and Bat-Shaped Handles

清同治（1862～1875年）

口径19、底径18.5、高60.5厘米

颐和园藏

盘口，束颈，蝠耳，圆肩，下腹斜收，圈足外撇，造型周正匀婷。胎体厚，胎质洁白坚细；釉面莹白剔透。底胎素白，以粉彩装饰。颈部以紫彩为地，绘缠枝番莲托蝙蝠衔长寿字。肩部绘轮、螺、伞、盖、花、罐、鱼、肠八宝纹饰。腹部一侧绘瓜蝶藤蔓，寓意“瓜瓞延绵”；另一侧绘牡丹白头鸟，寓意“富贵白头”。

102

五彩松鹤纹玉壶春瓶

Famille Verte Vase with Pines and Cranes

清道光（1821～1850年）

口径9、底径11.5、高30厘米

颐和园藏

瓷瓶撇口，长颈，削肩，圆腹，圈足外撇，造型挺拔、秀气。胎体较薄，胎质洁白、细腻；釉面光洁。瓶身绘苍松、仙鹤、灵芝、红蝠等，画面饱满、疏落有致。几处红色的点缀，使沧桑的图案焕发出灵动和活力。底足罩白釉，无款。此瓶取松鹤延年、洪福齐天等祝愿长寿的美好寓意。

103

红地双鹤拱寿缂丝帐沿

Red-Ground Silk Tapestry with Cranes and Character for Longevity

清（1644～1911年）

纵28.5、横99厘米

清华大学艺术博物馆藏

此帐沿以红色为地，采用缂丝手法织“双鹤拱寿”纹样，中央以如意云纹托起圆形寿字，一对仙鹤分别从两侧飞捧“寿”字，凸显出贺寿的主题；上部的云天与下部的福海遥相呼应，共同组成了一幅“鹤寿延年”“福寿绵长”的美好景象，在配色上以红色为主，添饰月白、蓝、杏黄、草绿等，共同营造出喜庆热烈的氛围。

104

粉彩云鹤纹盖碗

Famille Rose Covered Bowl with Cloud-and-Crane Pattern

清光绪（1875～1908年）

口径17.1、底径7.3、高9.6厘米

颐和园藏

盖碗敞口，斜壁，深弧腹，圈足；盖沿小于口沿，扣于碗内口。胎体轻薄，胎质洁白细腻；釉面光亮。盖面、碗身通衬黄色地，从上至下依次装饰如意云头、云鹤及仰莲图样。由于绘制云鹤等纹样使用了“玻璃白”（其中含有氧化砷、氧化硅、氧化铅等）打底，再于其上渲染各种料粉，所以能形成乳浊和立体之感。碗、盖内壁皆光素，底、盖红彩楷书“大清光绪年制”款。

105

碧玉巧色松鹤白头纹笔筒

Spinach Jade Brush Pot with Pines and White-Naped Cranes Carved on Natural Uneven Colors

清乾隆（1736～1795年）

口径17.5、高16厘米

碧玉质，有白色玉质斑点。筒圆形、壁厚、口微侈，接底配如意云足，雕工流畅，以高浮雕通景一气呵成。笔筒所雕纹饰以石渠宝笈画卷《清乾隆·松鹤延年图》为蓝本，图中松石之间八只仙鹤，利用白玉质斑点巧雕作仙鹤的白头，满饰苍松青藤，取意耄耋延寿。据雕刻手法和玉料特征判断，此笔筒应为清乾隆朝18世纪晚期作品，雕工利落流畅，布局饱满，层次丰富，寓意吉祥，典型造办处风格，应为皇家祝寿之文房陈列。

青花团鹤纹圆盒

Blue-and-White Box with Crane Medallions

清光绪（1875～1908年）

口径19.5，底径13.5，高14厘米

颐和园藏

瓷盒呈馒头形，由盖和身两部分组成，上下子母口套合，圈足。胎体厚，胎质洁白；釉面光亮。盒盖以顶部为中心绘青花团鹤纹样，周围分别装饰团鹤纹六幅。盒身与盒盖相对应，分饰六幅团鹤纹。团鹤纹为清代常见纹饰，以单鹤或双鹤组成，取其长寿之意。

107

粉彩百鹿尊

Famille Rose Vase with Hundred Deer Theme

清乾隆（1736～1795年）

口径16、底径24.2、高44厘米

颐和园藏

百鹿尊因仿商、周青铜尊的造型，画面上彩绘百鹿而得名。此尊器形规整，造型稳重，胎体薄厚均匀，轻重适度。颈部左右两侧各有双螭耳。全器表面岩壑叠嶂，古松繁茂，山野之中百鹿群聚，一派生机。尊底部足圈露胎，中央有青花篆书“大清乾隆年制”六字三行款。画面构图严谨，粉彩细致入微，动静兼具，笔墨传神。

108

白玉鹿

White Jade Deer

宋（960～1279年）

长11、宽3、高5厘米

颐和园藏

白玉质，色莹润。鹿采用圆雕技法，通身光素，大眼，大耳，短尾，曲颈回首呈卧状，曲线优美流畅，神态安详自然，体态丰韵。此玉鹿造型简洁，姿态优美，极具动感。

109

白玉雕松鹿人物纹摆件

White Jade Mountainous Landscape with Pine, Deer, and Figures

清乾隆（1736～1795年）

长16、宽5.5、高13.8厘米

颐和园藏

白玉质，雕山林景致，作品下部为山石，其上高树成荫，松树下一人牵一小鹿，另一人回首。玉山布局错落有致，以松、鹿、人的造型表现吉祥长寿的主题。

110

松石雕鹿鹤同春人物山景

Turquoise Mountainous Landscape with Deer, Crane, and Figures

清（1644～1911年）

长18.5、宽11、高17厘米

颐和园藏

绿松石质，随形雕刻山形，采用高浮雕技法雕刻松树、人物、仙鹿、亭榭，仙人手执拐杖，立于山石之上，后跟随童子手持灵芝。整幅画面雕刻极富层次感。

111

竹根雕鹿鹤同春摆件

Bamboo Root Carving of Deer and Cranes

清（1644～1911年）

长12.5、宽8、高35.5厘米

颐和园藏

此摆件为竹根制。采用镂雕、圆雕等多种工艺，梧桐立于山石之上，仙鹤灵鹿栖于其间。"鹿鹤同春"又名"六合同春"，寓意天下皆春，万物欣欣向荣。

112

红缎地套针鹿鹤同春绣片

Red-Ground Satin Embroidered with Deer and Cranes

清（1644～1911年）

直径43厘米

清华大学艺术博物馆藏

此绣片以红色缎为地，采用套针等绣法绣“鹿鹤同春”纹样，绣片圆形，外缘镶饰雪灰色花卉彩织妆花缎及青色素缎缘边各一条，主体纹样以梅花鹿、仙鹤、松树、花卉、蝙蝠、云气和地景等构成，合寓“鹤鹿同春”，在技法上采取二色间晕与退晕相结合的装饰手法，十分自然生动，整体造型写实逼真，配色丰富，层次分明，呈现出吉庆繁闹之景。

113

青玉雕佛手摆件

Green Jade Carving of Buddha's Hand

清乾隆（1736～1795年）

长17、宽7、高10厘米

颐和园藏

青玉质，立体圆雕佛手。质地细腻温润，颜色厚重大方。枝梗与果实连结，局部以透空技法处理，增添了佛手的轻灵意向。果实饱满，枝叶翻卷有致，脉络清晰，形象灵活。玉雕中佛手寓意多福长寿，为清代陈设佳玩。

114

青白玉雕佛手石榴摆件

Greenish-White Jade Carving of Buddha's Hand and Pomegranate

清乾隆（1736～1795年）

长9.5、宽6.2、高11厘米

青白玉质，随型圆雕佛手与石榴各一，佛手丰满圆润，肌理清晰逼真。一侧石榴微开小口，露出丰硕的果实，几片枝叶蜷曲点缀其间，生机盎然。整件玉器大气浑厚，给人以喜庆祥和之感。

佛手和石榴的题材在清代的艺术品中被广泛应用，不仅在玉器上，在瓷器、绘画等领域也较常见。佛手瓜形似佛手有“福寿”的吉祥寓意；石榴多籽，符合了中国传统思想中多子多福多寿的精神寄托，因此这二者结合在一起，自然是喜上添喜，福上加福的吉祥组合。这一组合在清代宫廷尤为流行。

115

『慎德堂制』款粉彩福寿三多纹圆盒

Famille Rose Box with Happiness and Longevity Emblems Made by Shende Hall

清光绪（1875～1908年）

口径25.5、底径18.1、高16.7厘米

颐和园藏

形如馒头，由盖和身两部分组成，上下子母口套合，圈足。胎体厚，胎质洁白；釉面光亮。盖顶绘五只红蝠围成一圈内捧寿字；盖面与盒身对称布置佛手、石榴、桃实，取意“多福”“多子”“多寿”，简称“福寿三多”。底红彩楷书“慎德堂制”款。

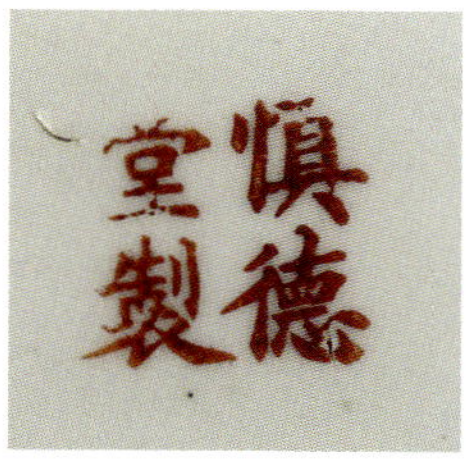

116

佛手形紫砂壶

Zisha Teapot in Buddha's Hand Shape

清（1644～1911年）

长19.5、高7.5、厚8厘米

颐和园藏

此壶为佛手形，树干形执首，特别是壶流和佛手形壶身巧妙相配，形意相随，整体造型素雅生动，情趣盎然，别具一格。

117

蓝玻璃葫芦瓶

Blue Glass Vase in Gourd Shape

清（1644～1912年）

口径6.5、高38厘米

颐和园藏

此葫芦瓶由蓝玻璃制成，素面，应采用吹制工艺制成，腰部可见制作时的接痕。葫芦取“福”“禄”的谐音，此器形元朝以后开始大量出现，是常见的祈福、祝寿图案；又因葫芦多籽，且成长时一根藤蔓上可生长多个葫芦，具有子孙众多，家族繁荣的寓意。

118

粉彩红蝠过枝葫芦瓶

Famille Rose Gourd-Shaped Vase with Auspicious Pattern

清光绪（1875～1908年）

口径8.4、底径24.4、高58.8厘米

颐和园藏

瓶呈葫芦式，小口，短颈，束腰，双球形腹，圈足。通体饰葫芦藤蔓及蝙蝠，葫芦谐音“福禄”，是中国民间传统图案，缠枝葫芦纹具有福禄万代的吉祥寓意。“红蝠”与“洪福”同音。整体纹饰具有祈求多福多寿的美好祝愿。此瓶形体秀美，上下比例协调，线条自然流畅。

119

铜鎏金『大吉』葫芦瓶

Gilt Bronze Gourd-Shaped Vase with Auspicious Inscription

清（1644～1911年）

腹径18.8、足径8.8、高35.7厘米

颐和园藏

此器铜胎鎏金，呈葫芦形，侈口，束腰，圈足外撇。整体上小下大，浑圆匀称。通体饰高浮雕葫芦纹，藤蔓蜿蜒，枝叶繁茂。四面各有开光“大”“吉”两字，四周饰如意云头纹。

120

窑变釉石榴尊

Pomegranate-Shaped Vase with Flambé Glaze

清雍正（1723～1735年）

口径 7.6，底径 6.3，高 17.1 厘米

颐和园藏

花口，束颈，圆肩，圆腹，浅圈足。胎色深，胎质细密；釉层肥润。窑变釉是雍正朝在仿钧釉的基础上衍生出的新品，是在涩胎上先施一层仿钧铜红釉，再在其上挂一层花釉，入窑1300℃还原气氛烧成，其中的铜、钴、铁分别呈红、蓝、青褐色，斑片交织，美若云霞。此尊无论形、色皆极似真石榴，是为上品。底刻款阴文篆书“大清雍正年制”。

121

蓝地缂丝百子图石榴形插屏

Pomegranate-Shaped Table Screen with Silk Tapestry Featuring Hundred Children

清乾隆（1736～1795年）

长71、宽24.5、高64厘米

颐和园藏

此插屏为石榴形，木制边框，嵌有各色染牙雕刻出的团寿、蝙蝠、“卍”字形纹饰，屏心以缂丝工艺展示众多孩童在宛如仙境的地方嬉戏的场景，底座镂雕仙桃、佛手众枝交错，并以玉石镶嵌，取福寿的寓意。众多婴孩的题材多称为百子图，戏耍、舞龙、读书、弹琴等形象不一，常用来表示子孙繁衍，家族兴旺。

122

铜胎掐丝珐琅九桃天球瓶

Cloisonné Enamel Globular Vase with Nine Peaches

清光绪（1875～1908年）

口径11、腹径36、高60厘米

颐和园藏

瓶体较大，圆口，直径，口与径大小相似，腹部浑圆，肩与底相似，俗称“天球瓶”。通体绘桃树一枝，枝干茁壮，向外伸展，共结仙桃九个。

123

青花粉彩仙桃蝠耳橄榄瓶

Famille Rose and Underglaze-Blue Vase with Handles in Bat and Peach Shape

清乾隆（1736～1795 年）

口径 10、底径 10.5、高 38 厘米

颐和园藏

撇口，蝠耳，长颈，溜肩，下腹内收，圈足，因形似橄榄而得名。此瓶口沿垂如意云头，足承灵芝，上下两条带状装饰遥相呼应。中间绘一株桃树，枝叶繁茂，果实累累，吸引蝙蝠前来起舞。双耳亦做成蝙蝠衔桃之样，取意“福寿”“洪福齐天”。瓶内、底施松石绿釉，底青花篆书“大清乾隆年制”款。

124

粉彩五蝠捧寿桃纹圆盒

Famille Rose Covered Box with Peaches, Bats, and Character for Longevity

清光绪（1875～1908年）

口径21.1、底径14、高15.5厘米

颐和园藏

瓷盒呈馒头形，由盖和身两部分组成，上下子母口套合，圈足。胎体厚，胎质洁白；釉面光亮。器盖顶部以矾红绘五福捧寿纹样。盒盖与盒身一体绘制桃树、仙桃纹饰，上下衔接，这种装饰方法称为“过枝”。五福捧寿与仙桃纹样皆寓意长寿，此瓷盒也有福寿绵绵寓意。底红彩篆书印章款“大清同治年制”，应为清晚期托古仿作。

125

粉彩红蝠桃纹天球瓶

Famille Rose Globular Vase with Red Bat and Peaches

清晚期（1840～1911年）

口径17、底径30、高95厘米

颐和园藏

直颈，圆肩，圜腹，圈足，造型端庄，胎体厚重。胎质洁白坚细；釉面白腻光莹。口沿处绘红蝠飞舞，其下绘有繁茂的桃树，树干粗壮，枝条蜿蜒，花苞绽放，果实累累，白、粉、绿、红、褐相互映衬，色彩娇艳可爱。釉底无款。此瓶图案中，蝠通“福”字，桃象征长寿，取喜庆吉祥、多福多寿之意。

126

粉彩桃纹桃形碟

Famille Rose Saucer in Peach Shape

清同治（1862～1875年）

口径13.8、足径6.7、高4.7厘米

广州博物馆藏

清代瓷器装饰多用吉祥图案，有“图必有意，意必吉祥”之说。桃象征长寿，取“祝寿”之意。

127

陈鸣远款本山绿泥桃形洗

Zisha Peach-Shaped Washer, Marked “Chen Mingyuan”

清康熙（1662～1722年）

长10.5、宽6.7、高4.3厘米

此洗由两只桃子造型组成，一侧是一整桃，一侧是一半桃，两桃同壁相连，系于桃枝之上。半桃洗内有一红色桃核，雕刻逼真，栩栩如生。整桃上装饰扭转的嫩叶，优美生动。桃身洒红，以凸显桃子成熟的特征。底部的桃枝造型细腻，且支撑起整个桃型洗。整桃底端以篆书钤有“陈”及“鸣远”两枚印章。

128

白玉雕福寿纹水丞

White Jade Water Dropper with Happiness and Longevity Theme

清乾隆（1736 ~ 1795 年）

长 6、宽 5.5、高 3.5 厘米

颐和园藏

白玉质，水丞桃形，器内空，形体小巧，外浮雕蝙蝠纹、桃叶。“桃”寓意长寿。“蝙蝠”谐音“福”，象征好运。蝙蝠和桃的组合寓意“福寿双全”。

129

青玉雕福寿桃形洗

Green Jade Peach-Shaped Washer

清乾隆（1736 ~ 1795 年）

长 13.5、宽 13.1、高 6.4 厘米

颐和园藏

青玉质。色温润，夹有少许黄斑，笔洗掏膛后依玉料雕成桃形，外壁浮雕枝叶，枝干粗壮，枝叶错落有致，单阴刻线琢出叶脉，内壁光滑、平底，整体雕琢精细，抛光极好。

130

青玉雕福寿双全桃形摆件

Green Jade Peach-Shaped Carving

清乾隆（1736～1795年）

长19.5，宽9.5，高15厘米

颐和园藏

青玉质，整块青玉随形雕琢而成，并雕并蒂而生的双桃，一大一小，玉桃上一蝙蝠，下部随玉形雕枝叶苍劲嶙峋，叶片舒展灵动。《神农本草》中载“玉桃服之，长生不死”，因此寿桃为祝福长寿之代表物。其雕法娴熟，构思精致，其上藤蔓缠绕，蝙蝠象征福气，寓意福贵长寿。

131

剔红嵌牙骨福寿纹桃形捧盒

Carved Red Lacquer Box in Peach Shape with Inlaid Peaches

清光绪（1875～1908年）

长48.5、宽35、高18厘米

颐和园藏

此捧盒木胎髹红漆。盒呈桃形，分盖、身两部分，皆嵌有仙桃、蝙蝠、桃枝，桃枝由两部分相连处分别向反方向延伸，整体以回纹为底，每个回纹正中皆有“卍”字纹，有福寿绵长的含义。此捧盒采用剔红的工艺，在器物的胎形上，涂上层层红漆，待半干时绘稿，再雕刻花纹。

132

白玉雕寿字圆牌

White Jade Disc with Character for Longevity

清（1644～1911年）

直径32、高1.2厘米

颐和园藏

白玉质，光洁油润。玉牌圆形，以浮雕和透雕手法琢制而成。最外侧为两圈环形凹槽，内以如意云纹衬地，其中顶天立地一“寿”字，雕工规整精细。背面光素。玉牌所饰图案取“寿与天齐”之意。

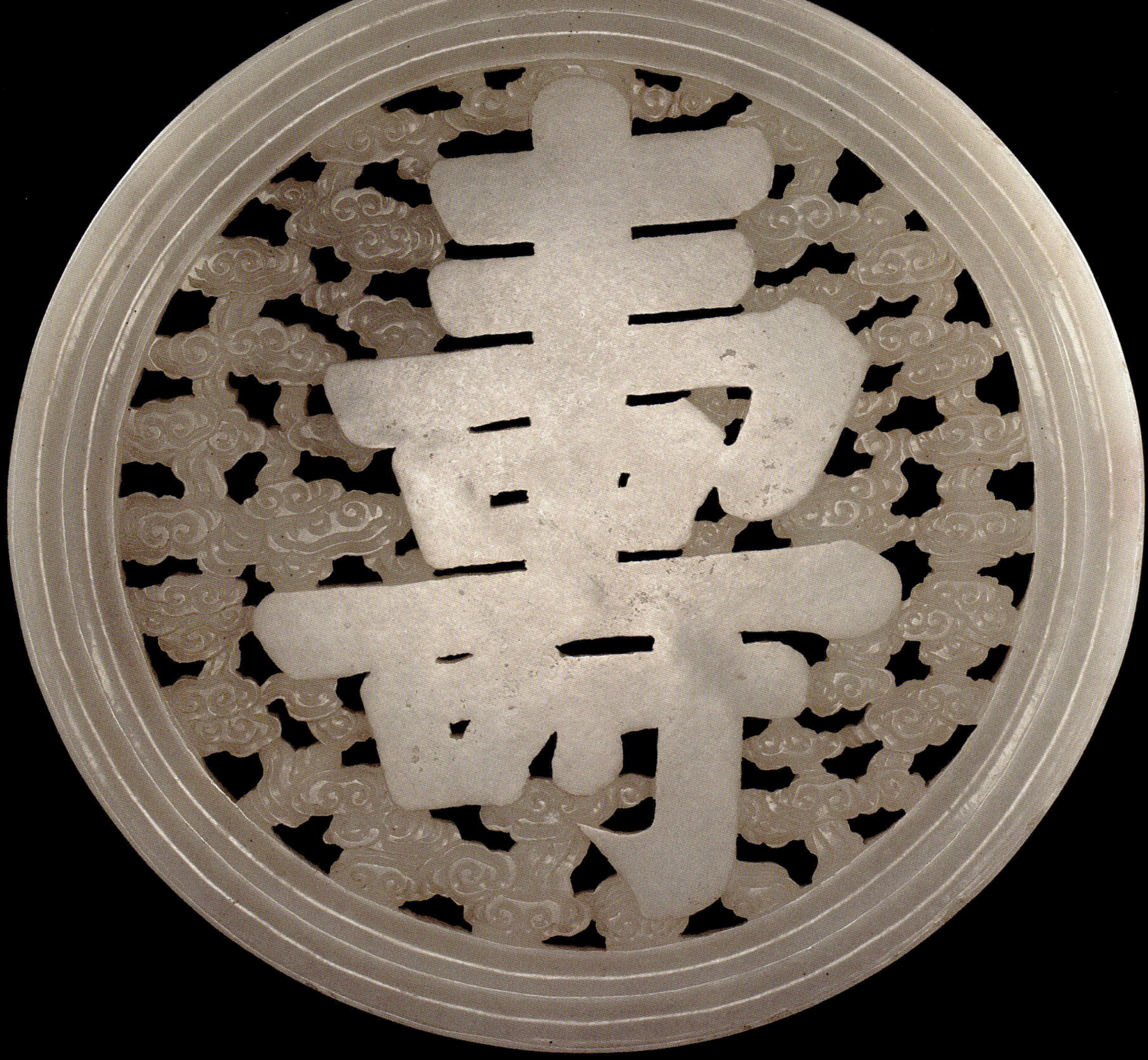

133

乌木边嵌蝠纹寿字漆面挂屏

Hanging Screen with Character for Longevity Encircled by Auspicious Bats

清（1644～1911年）

长83、宽49.4、高4厘米

颐和园藏

此挂屏为长方形，顶部为拐子纹形挂钩；边框由乌木制成，阴刻团寿字，填入银丝；屏心中部嵌木制寿字，上刷金漆，因年代久远剥落较为严重；四周嵌玉石蝙蝠衔“卍”字绶带，取“福”“寿”的寓意。

134

剔红嵌牙骨桃实纹福字形盒

Carved Red Lacquer Box in the Shape of Character for Happiness with Inlaid Peaches

清乾隆（1736～1795年）

长40.8、宽43、高17.2厘米

故宫博物院藏

135

剔红嵌牙骨桃实纹寿字形盒

Carved Red Lacquer Box in the Shape of Character for Longevity with Inlaid Peaches

清乾隆（1736～1795年）

长42.8、宽41、高17.5厘米

故宫博物院藏

盒成对，一作福字形，一作寿字形。均通体饰剔红万字锦地，浮粘染色牙骨桃树一株，枝头结满蟠桃，寓意万福万寿。下有随形紫檀雕花木座，嵌染色牙骨夔龙纹饰片。旧藏遂初堂。

136

沉香木雕洋人托八仙庆寿纹寿字摆件

Chenxiangmu Character for Longevity Holding by Westerners

清（1644～1911年）

长57.8、宽14、高96.5厘米

颐和园藏

137

沉香木雕童子托八仙庆寿纹寿字摆件

Chenxiangmu Character for Longevity Holding by Acolytes

清（1644～1911年）

长59、宽17、高98厘米

颐和园藏

此对插屏分为两部分：上部为“寿”字形，雕各路仙人，如吕洞宾、曹国舅、韩湘子、铁拐李等，寓意“八仙庆寿”。此外还雕有蝙蝠、仙鹿、松树、竹子，取长寿之意。下部底座雕刻单膝跪地侍者，一件为洋人装扮，一件为传统侍童装扮，以双手抬起寿字，十分恭敬。

138

紫檀嵌瓷百寿字如意

Porcelain-Inset *Zitan Ruyi* Scepter with Hundred Characters for Longevity

清（1644～1911年）

长25、宽14.5、高7.8厘米

颐和园藏

此如意为紫檀木制，头部及柄部嵌瓷板，瓷板随柄身幅度而起伏，上书朱漆百寿，头部47字，柄部77字，总计124字；单柄如意上的寿字没有重复样式。两柄如意为一对，所写寿字样式完全相同。

139

木柄三镶白玉福寿三多纹如意

Jade-Inset Wood *Ruyi* Scepters with Auspicious Inscriptions and Patterns

清光绪（1875～1908年）

长33、宽7.9、高5.5厘米

颐和园藏

岫玉质，玉质温润，木柄。头片刻缠枝双桃，顶上浮雕一蝙蝠，弧背处琢椭圆形，中片刻佛手纹，尾片刻石榴纹。所雕刻寿桃、蝙蝠、佛手、石榴纹饰，为传统福寿三多纹饰。“寿”字表现于木柄上以骨片磨制团寿及长寿字，并染以黄色，突出寿字效果。九九如意，“九”作为最大阳数，合起来“九九”则是最高的吉祥之数。《诗经·小雅·天保》中连用九个“如”字，祝福福寿延绵不绝。从乾隆时期起，九九如意被赋予“祝寿”寓意，是清代祝寿的首选贺礼，颐和园所藏大多九九如意为大臣进贡慈禧寿礼。

140

黄地粉彩描金红蝠团寿字碗

Famille Rose Gilt-Painted Bowl with Red Bats and "Longevity" Medallions on a Yellow Ground

清光绪（1875～1908年）

口径20.8、底径8.2、高9.5厘米

颐和园藏

瓷碗微撇口、深弧腹、矮圈足。胎体较薄，胎质洁白细腻；内壁白素，外壁通体施黄彩；四周等距绘有八个“卍”字，佛教中是吉祥的标识；周围交错绘团寿纹和蝠纹，寓意福寿。底款红彩楷书“大清光绪年制”。

141

黄地粉彩描金『万寿无疆』碗

Famille Rose Gilt-Painted "Birthday" Bowl on a Yellow Ground

清光绪（1875～1908年）

口径20.8、底径8.2、高9.5厘米

颐和园藏

瓷碗撇口，深弧腹，圈足。胎体较薄，胎质洁白细腻；釉面光亮。外壁通体施黄彩，四面圆形开光内金彩描“万”“寿”“无”“疆”字样，并以卍字绶带相间隔、祥云作衬、海水江崖为托。纹饰及口沿、圈足均描金边，配以明黄色地，更显清代皇室尊贵奢华之气度。底款红彩楷书“大清光绪年制”。此器成套制作，在颐和园所藏中除碗外，亦可见盅、小碗、盖碗、盘等。

142

黄地粉彩描金『万寿无疆』花蝶纹膳食器（一组）

Famille Rose Gilt-Painted "Birthday" Dinner Service on a Yellow Ground with Butterflies and Flowers

清光绪（1875～1908年）

盖碗口径11、底径4.3、高7厘米

小碗口径10.6、底径4.5、高5.9厘米

盅口径6.5、底径2.7、高3.5厘米

盘口径28.1、底径17.2、高5.9厘米

颐和园藏

此器成套制作，由盅、小碗、盖碗、盘等组成。该组器物胎体轻薄，胎质洁白细腻；釉面光亮匀净。内里满绘花蝶整齐排列，纹样华丽繁复；外壁通体施黄彩，四面圆形开光内红彩描“万”“寿”“无”“疆”字样，并以红蝠、仙桃、盘长、绶带相间隔、回纹作边饰。口沿及主体纹样描金，配以明黄色地。底、盖红彩楷书“大清光绪年制”款。

萬
萬

143

黄地蓝寿字盅

Saucer with Characters for Longevity and Guangxu Reign Mark

清光绪（1875～1908年）

口径6.5、底径2.8、高3.6厘米

颐和园藏

瓷盅敞口，深弧腹，矮圈足。胎体轻薄，胎质洁白；釉面光莹。外壁通体衬黄地，以蓝料彩绘长寿字上下两周；口沿和底足处描金线。底款红彩楷书“大清光绪年制”。

144

黄地粉彩描金红蝠团寿字盘

Famille Rose Gilt-Painted Dish with Red Bats and "Longevity" Medallions on a Yellow Ground

清光绪（1875～1908年）

口径28、底径16.9、高5.5厘米

颐和园藏

瓷盘敞口，浅腹，圈足。内壁为黄釉地，上绘金彩团“寿”字，间以红彩蝙蝠纹、青花“卍”字纹，疏密随形变化。外壁施白釉，绘粉彩缠枝花卉纹。底款红彩楷书“大清光绪年制”。

145

青花贯套纹寿字盘

Blue-and-White Dish with Characters for Longevity

清道光（1821～1850年）

口径26.9、底径16.7、高4.5厘米

颐和园藏

敛口，深弧腹，圈足。胎体较薄，胎质细腻；釉质莹润，釉色微泛青。盘内壁以青花双圈分割为内外两层装饰，内心绘卷草纹样，外侧一圈为八个贯套寿字；外壁口沿饰简化如意纹，下绘贯套如意云头。贯套纹因线条之间环环相套，故有“不尽”之意。底款青花篆书“大清道光年制”。

146

黄彩双龙寿字盘

Dish with Yellow-Painted Dragons and Character for Longevity

清光绪（1875～1908年）

口径22、底径13.3、高5厘米

颐和园藏

瓷盘敞口，弧壁，圈足。胎体薄，胎质洁白细腻；釉面光亮匀净。仅以黄彩装饰，盘口内壁边缘打线，内壁绘双龙戏珠、云纹；内心饰团寿字，四周环绕海浪。盘口外壁边缘及底部打线，中间饰五蝠，与团寿字一起组成“五福捧寿”寓意。底款红彩楷书“大清光绪年制”。

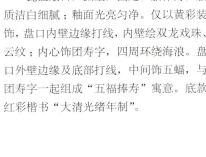

147

绿彩双龙寿字盘

Dish with Green-Painted Dragons and Character for Longevity

清光绪（1875～1908年）

口径21.8、底径13.2、高5厘米

颐和园藏

瓷盘敞口，弧壁，圈足。胎体薄，胎质洁白细腻；釉面光亮匀净。仅以绿彩装饰，盘口内壁边缘打线，内壁绘双龙戏珠、云纹；内心饰团寿字，四周环绕海浪。盘口外壁边缘及底部打线，中间饰五蝠，与团寿字一起组成“五福捧寿”寓意。底款红彩楷书“大清光绪年制”。

148

粉彩折枝花寿字瓶

Famille Rose Vase with Flowers and Characters for Longevity

清（1644～1911年）

直径14、高36.1厘米

颐和园藏

撇口，直颈，溜肩，直壁内收，圈足。胎体较厚，胎质洁白；釉面光亮。瓷瓶口沿描金，下垂如意云头一周；身绘红彩描金长寿字，间隔各色吉祥花卉；底衬仰莲。取意长寿富贵。瓶内施松石绿釉。

149

青花百寿字凤尾瓶

Blue-and-White Vase with Hundred Characters for Longevity

清康熙（1662～1722年）

口径12、底径14、高44.5厘米

颐和园藏

瓶直口内向折沿，长颈，溜肩，鼓腹，腹部以下逐渐内敛，近足处外撇，浅圈足。外底以青花线绘双圈，圈内无款识。器身通体以青花书写的字体各异的“寿”字为装饰纹样，分布于瓶口及内沿、颈、腹和足等部位，整体布局错落有致，繁密而不局促。此瓶风格清晰简洁，造型端庄古朴，为康熙早期御窑精品。

150

剔红双龙捧寿纹方盒

Carved Red Lacquer with Twin Dragons Holding Character for Longevity

清（1644 ~ 1911 年）

直径 16.5，高 6.5 厘米

颐和园藏

此方盒为木胎髹红漆，整体呈正方形，分盖、身两部分。顶部主体为双龙戏珠纹，其中宝珠内雕异形寿字，四周装饰如意云纹，下方雕仙山，以回纹为底，好似神龙从海中腾起。上下两部分四周开光内皆雕莲花，底纹为菱形，阴刻花卉；盖部四角雕双鱼、宝伞、莲花、宝瓶；身部四角雕法螺、法轮、白盖、盘长，底纹为六边形，阴刻花卉。

151

矾红彩番莲福寿纹帽筒

Overglaze-Red Hat Stand with Happiness and Longevity Emblems

清（1644～1911年）

口径12.3、底径12.3、高28.6厘米

颐和园藏

筒形，器身直立，上、下各开三对海棠形气窗，用以通风。口部描金，筒身以素白为底，矾红彩绘缠枝番莲纹样，中部以矾红勾边内描金彩寿字。纹饰满铺器身，留白较少。底红彩篆书印章款“大清同治年制”，当为清晚期托古之作。

第四单元 SECTION FOUR

福寿满堂

IMPERIAL PAINTINGS, CALLIGRAPHY, AND FURNITURE

清代皇家园林中庋藏着大量的建筑内檐装饰性书画，以福寿主题最多，贴挂位置无所不在，装裱形式多种多样，题材内容丰富多彩，将园林殿堂渲染出浓厚的吉祥喜庆气氛。

In the Qing royal gardens, a large number of decorative paintings and calligraphy are hung in a variety of places. Framed in various forms, most of them have the theme of happiness and longevity, rendering the gardens and halls with a strong auspicious and festive atmosphere.

152

张百熙诗文匾

Plaque with Verses by Zhang Baixi

清光绪（1875～1908年）

纸本

纵75.5、横156、厚3厘米

颐和园藏

内檐匾，是指悬挂在殿宇内装裱成匾额的书法作品，内容多与殿宇用途密切相关，对室内环境起到画龙点睛的作用。此匾内容摘录自清代王文奎《万寿诗》，诗载于《万寿盛典初集》一百五十卷。匾额左下落款“臣张百熙敬书”，钤盖白文印“敬书”。

张百熙（1847—1907年）

字埜秋，一作治秋，号潜斋，谥文达，湖南长沙人，同治十三年（1874年）进士，授编修，历任户部、邮传部尚书等职，工于书法。

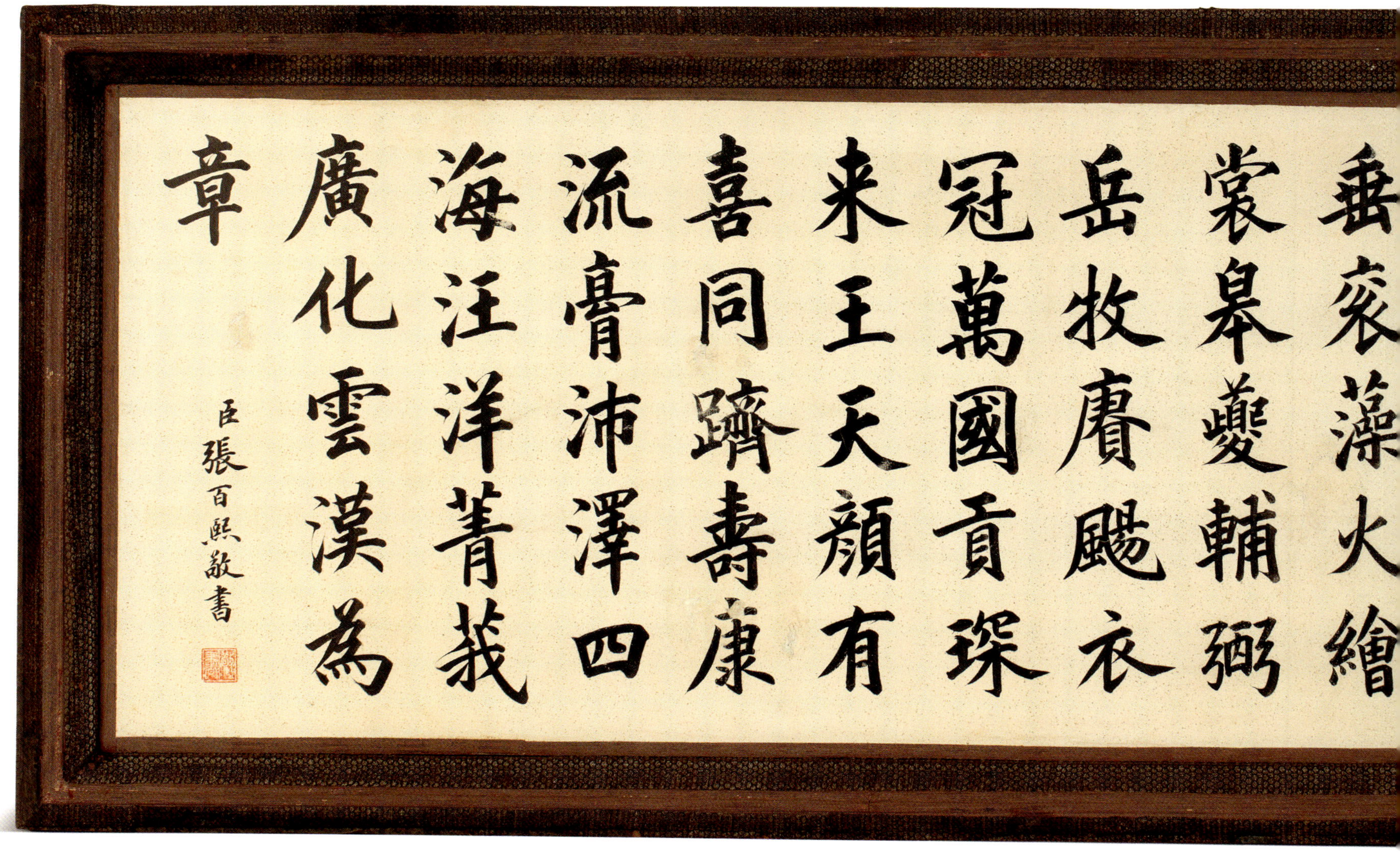

153

慈禧御笔『沐浴福应』匾

Plaque with Calligraphy "Immersed in Blessings" by Empress Dowager Cixi

清光绪（1875～1908年）

绢本

纵74.5、横156厘米

颐和园藏

此匾位于近西轩东次间北罩上面南，外为双灯草线锦边框，内为墨笔书“沐浴福应”四个大字，意为沉浸在幸福之中。福应，指喻示幸福吉祥的征兆。语出自左思《三都赋》“沐浴福应，宅心醰粹”。匾额上方钤盖三枚朱文印，分别为“数点梅花天地心”“慈禧皇太后御笔之宝”“和平仁厚与天地同意”。

154

慈禧御笔『亿龄禔福』匾

Plaque with Calligraphy "Enjoy Happiness and Peace Forever" by Empress Dowager Cixi

清光绪（1875～1908年）

绢本

纵67.5、横156厘米

颐和园藏

外为双灯草线锦边框，内为墨笔书“亿龄禔福”四个大字，意为“永享福安”。《说文解字》中“禔，安福也”。匾额上方钤盖三枚朱文印，分别为“数点梅花天地心”“慈禧皇太后御笔之宝”“和平仁厚与天地同意”。

155

徐郙『天地为寿』匾

Plaque with Inscription "Enduring Life as the Heaven and Earth" by Xu Fu

清光绪（1875～1908年）

纸本

纵48、横113.5、厚2.8厘米

颐和园藏

此匾额原置于德和园庆善堂东配殿南次间南罩上面北。左侧落款"臣徐郙敬书"，钤白文印"臣徐郙"，匾心正中上方盖"慈禧皇太后御览之宝"朱文鉴赏印。

徐郙（1838—1907年）

字寿蘅，号颂阁，江苏嘉定（今属上海）人，同治元年（1862年）壬戌科状元，官至礼部尚书、协办大学士。精于书法，尤擅楷体，是晚清时期馆阁体代表书法家。

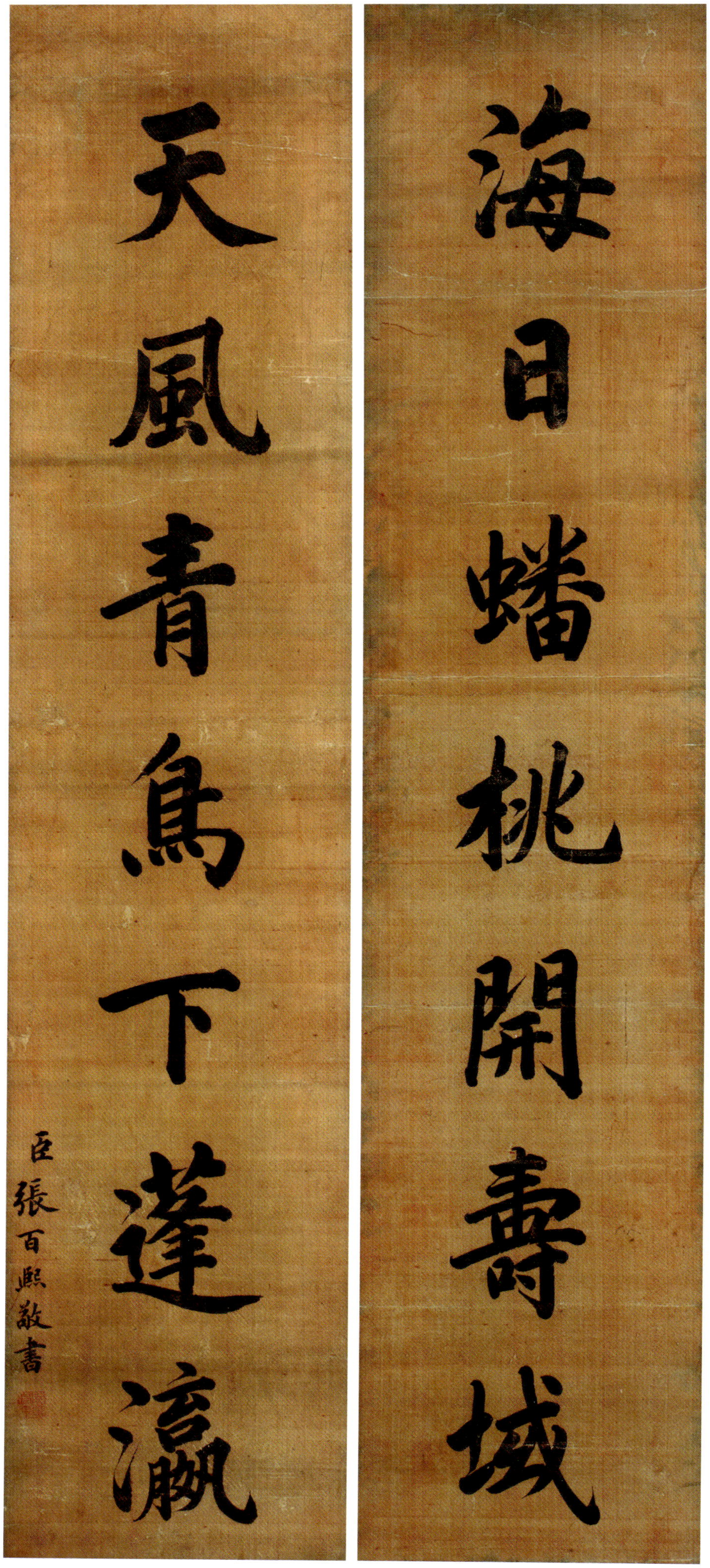

156

张百熙七言联

Seven-Character Couplet by Zhang Baixi

清光绪（1875～1908年）

绢本

纵 178.2、横 38.8 厘米

颐和园藏

此联化用明代杨继盛所作诗《寿太常汪春谷母七十》诗句，笔法规整，点画饱满，运笔刚劲有力。左下落款“臣张百熙敬书”，钤盖朱文印“南斋供奉”。

157

刘隽生松树牡丹图贴落

Pine and Peony by Liu Juansheng, Affixed Hanging

清光绪（1875～1908年）

绢本设色

纵146、横67厘米

颐和园藏

图绘松树和牡丹。松树枝干嶙峋虬曲，松针苍翠；牡丹柔美，花色娇艳。松树四季常青，古有寿如松柏之说。牡丹花开吉祥，是富贵幸福的象征。二者合画，祝福健康长寿，永享富贵荣华。左下落款“臣刘隽生恭画”。钤盖朱文印“恭画”。

刘隽生（1878—1958）

光绪朝如意馆画师。

158

王继明牡丹绶带图贴落

Indian Paradise Flycatchers and Peonies by Wang Jiming, Affixed Hanging

清光绪（1875～1908年）

绢本设色

纵122.8、横115.8厘米

颐和园藏

贴落，是画心经过简单托裱的书画作品，尺寸大小悬殊，可上贴于墙壁或下落收藏，俗称“贴落”。此贴落原张贴在乐寿堂东次间北隔间内西墙上面东。图中一只绶带鸟俯身侧首立于牡丹枝上，另一只则藏于洞石之后，探出半个身子，灵巧生动。旁绘牡丹花与两只绶带鸟相互映衬，活泼生趣。牡丹、绶带鸟、洞石常有“富贵寿考”、祝福长命百岁之意。左下落款“臣王继明恭画”，钤盖朱文印“臣”、白文印“王继明”。

刘玉璋（生卒年不详）

光绪朝如意馆画师，擅绘花鸟。

159

刘玉璋菊鹊画条

Bird and Chrysanthemum by Liu Yuzhang, Painting Strip

清光绪（1875～1908年）

绢本设色

纵 96.7、横 15 厘米

颐和园藏

画条，一般贴在墙壁、隔断、槛墙处，用以填补室内空缺的狭长形书画。图绘秋意渐浓时节，一只雀鸟俯身经过盛开的菊花。菊花下方另绘几枝红竹，菊花和竹子组合在一起，取其“祝寿”之意。左下落款“臣刘玉璋恭画”，钤盖朱文印“恭画”。

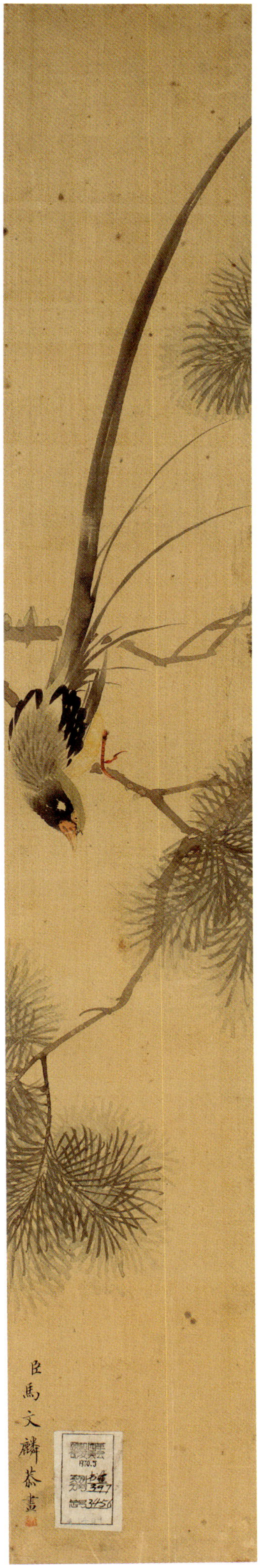

160

马文麟松枝绶带画条

Indian Paradise Flycatcher and Pine by Ma Wenlin, Painting Strip

清光绪（1875～1908年）

绢本设色

纵96.7、横15厘米

颐和园藏

图绘一只绶带鸟俯身站立在一枝松枝之上，其细长的尾羽高高翘起。作品笔墨娴熟，敷色清雅，造型简洁而生动。松树一年四季常青，被古人视作长寿的象征。松树与绶带鸟组合在一起有“万寿长青”的寓意在其中。左下落款“臣马文麟恭画”，钤盖朱文印“恭画”。

161

屈兆麟松树画条

Pine Tree by Qu Zhaolin, Painting Strip

清光绪（1875～1908年）

绢本设色

纵104.5、横16厘米

颐和园藏

图中描绘了一段苍劲虬曲的松树与藤蔓紧密交缠的场景。画面中松树苍翠劲挺，枝干或仰或俯，舒伸屈折，松针则采用马尾形画法，设色自然，灵巧生动。纤细的藤蔓依附松树盘绕而上，与松树相互缠绕，具有“万古长青、延年益寿”的吉祥寓意。左下落款“臣屈兆麟恭画”，钤盖朱文印“恭画”。

162

慈禧御笔『福』字轴

Calligraphy "Happiness" by Empress Dowager Cixi, Hanging Scroll

清光绪（1875～1908年）

纸本

纵175、横85厘米

颐和园藏

洒金蜡笺纸上墨笔行书“福”字，上方正中钤篆书“慈禧皇太后御笔之宝”朱文方印。所书“福”字，点画饱满，笔墨丰润，寓意深厚。

163

慈禧御笔『寿』字轴

Calligraphy "Longevity" by Empress Dowager Cixi, Hanging Scroll

清光绪（1875～1908年）

纸本

纵175、横85厘米

颐和园藏

洒金蜡笺纸上墨笔行书“寿”字，上方正中钤篆书“慈禧皇太后御笔之宝”朱文方印。所书“寿”字，用墨饱满，结字工整浑厚，笔法酣畅气韵连贯。

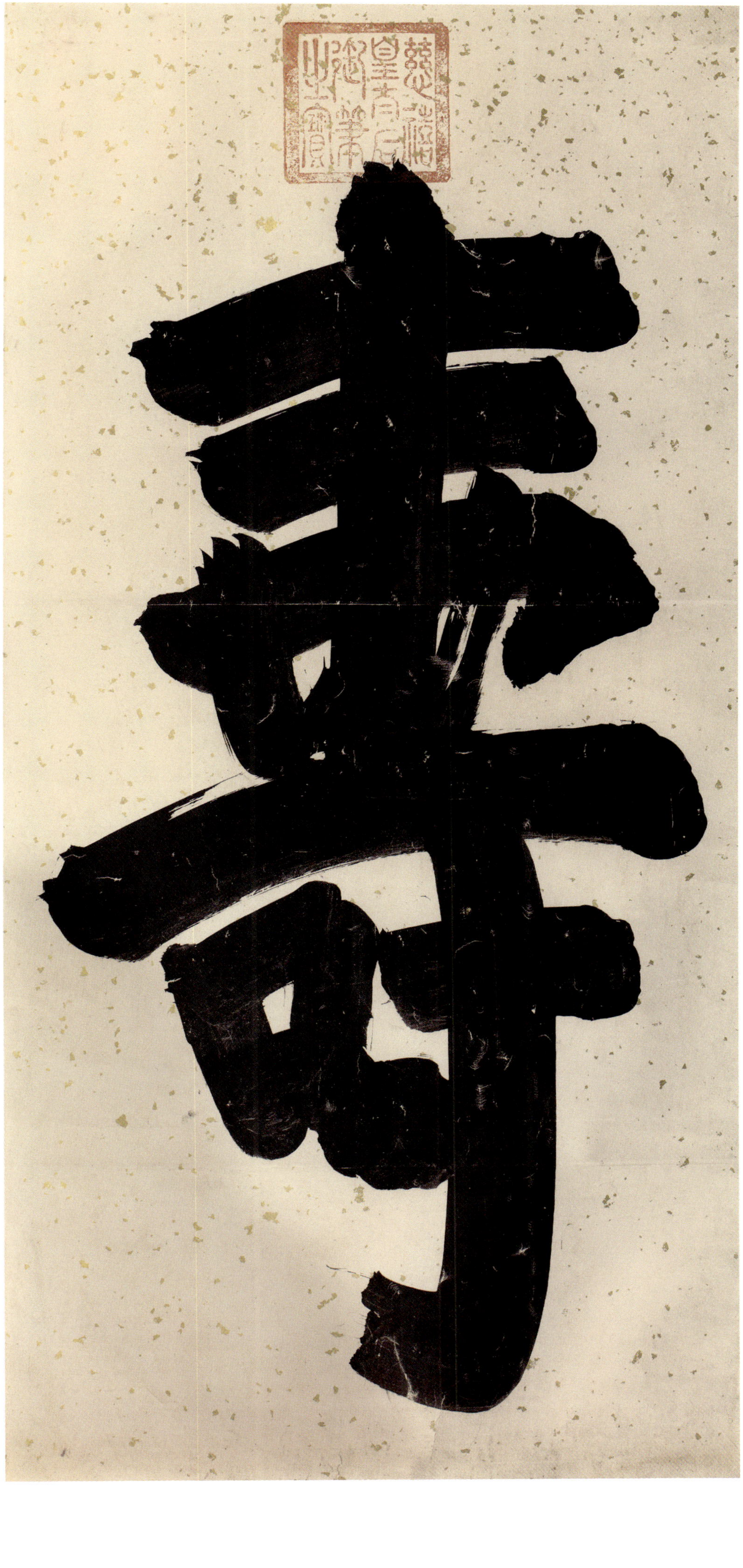

164

王继明梅竹绶带图轴

Indian Paradise Flycatcher, Plum Blossom, and Bamboo by Wang Jiming, Hanging Scroll

清光绪（1875～1908年）

绢本设色

纵138、横77厘米

颐和园藏

图中梅干古拙，枝条或横斜或挺立，娇嫩粉白的梅花散落绽放。一只绶带鸟站立在向上而生的梅枝上，目视前方。画面构图简洁大方，几缕碧绿的竹枝从梅树后探出，为画面增添了生趣，绶带鸟、梅花、竹子皆有长寿的寓意，三者结合凸显了长寿万年的吉祥祝福。左下落款“臣王继明恭绘”。钤盖白文印“敬画”。

165

梁世恩鹤寿图轴

Crane and Peaches by Liang Shi'en, Hanging Scroll

清光绪（1875～1908年）

绢本设色

纵166、横83厘米

颐和园藏

图绘一只仙鹤口衔灵芝，回首立于桃树枝上。果实鲜美饱满，挂于枝头。仙鹤姿态闲逸灵巧，线条干净而流畅，桃实敷色晕染过渡自然，树叶翻转向背设色得宜。鹤是长寿的象征，其谐音同“贺”。桃与灵芝被古人视为食之可延年益寿的佳品。三者同绘，表达了祝颂长寿的吉祥祈愿。左下落款“臣梁世恩恭画”，钤盖朱文印“恭画”。

166

于桢培海天仙鹤图轴

Crane above Sea by Yu Zhenpei, Hanging Scroll

清光绪（1875～1908年）

绢本设色

纵186、横97厘米

颐和园藏

图中海水翻涌，击打在礁石上，碰撞出白色的浪花，一只仙鹤翱翔于天际。仙鹤造型灵动，笔墨简洁，神形兼备。浪花中耸立着礁石，意为“海水江崖”，是“福山寿海”的象征；仙鹤在海上盘旋飞舞，表现出“福寿双全”的吉祥寓意。左下落款“臣于桢培恭画”。

167

永瑢万寿菊图卷

Rocks and Chrysanthemums by Yongrong, Handscroll

清乾隆（1736～1795年）

纸本设色

纵25.5、横956厘米

颐和园藏

此幅画作绘洞石万寿菊花，兼工带写，风格清丽。画上落款有诗题“色借秋金灿灿明，每当七八月华荣，豳风句入群芳谱，恰许公堂称兕觥。万寿菊　臣永瑢恭绘敬书”。画上引首有乾隆御书“珠庭献寿”，钤朱文印“乾隆御笔”。另钤盖有“避暑山庄”“乾隆御览之宝”鉴藏印。

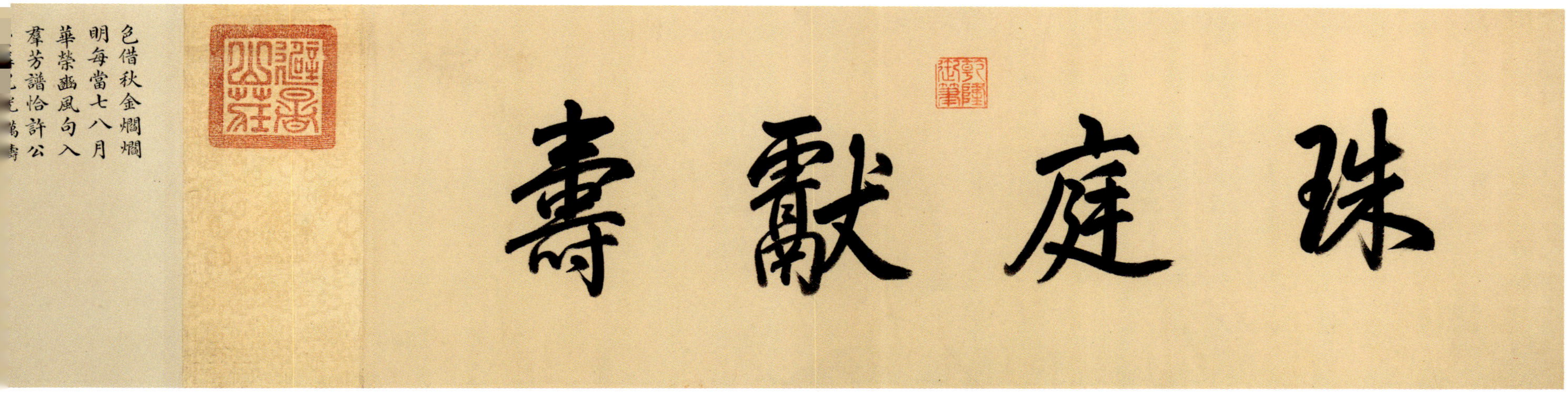

质庄亲王永瑢（1744—1790）

乾隆第六子，著《九思堂诗钞》。诗、书、画皆有造诣。

168

菊花图轴

Rubbing of Chrysanthemum Painting

清光绪（1875～1908年）

纸本朱拓

纵150、横71厘米

颐和园藏

此图以菊石图为蓝本朱墨拓印而成。右侧题有“光绪丙戌仲冬五日，慈禧皇太后指写”，印记四枚，分别为“大圆宝镜”“养神和气”“谦为益”“爱物俭身”。上方正中为“慈禧皇太后之宝”。画幅上方有方形洒金蜡笺，写有七言诗一首，落款为“潘祖荫敬撰”“徐郙敬题”。光绪丙戌年即1886年，慈禧时年51岁。

169

『永绥福履』春条

Single-Line Calligraphy "Eternal Peace and Happiness"

清光绪（1875～1908年）

纸本

纵60.5、横19、厚1厘米

颐和园藏

洒金红色蜡笺纸上墨书"永绥福履"四字吉语。《诗经·周南·樛木》载："乐只君子，福履绥之。"绥，有安好的意思。福履即福禄，幸福之意。永绥福履大意为永远平安幸福。

170

『福履长春』春条

Single-Line Calligraphy "Enduring Happiness and Longevity"

清光绪（1875～1908年）

纸本

纵60、横19、厚1厘米

颐和园藏

洒金红色蜡笺纸上墨书"福履长春"四字吉语，装裱在长方形木框之上。春条是在过年时张贴的字条，功能与春联相似。颐和园内常悬挂在殿宇内两窗之间间隔处。福履长春大意为幸福长寿。

171

『福嘏日溶』春条

Single-Line Calligraphy "Be Happy Everyday"

清光绪（1875～1908年）

纸本

纵60、横19、厚1厘米

颐和园藏

洒金红色蜡笺纸上墨书"福嘏日溶"四字吉语，装裱在长方形木框之上。宋代郊庙朝会歌辞有"敬事天地，升侑祖宗……相予祀事，福嘏日溶"的诗句。福嘏，意为幸福。

172

『寿同天地』春条

Single-Line Calligraphy "Enduring as the Heave and Earth"

清光绪（1875～1908年）

纸本

纵60、横19、厚1厘米

颐和园藏

洒金红色蜡笺纸上墨书"寿同天地"四字吉语。大意为生命永存，长生不老。即是统治者对自身寿命的期许，也是对家国天下国运昌盛的美好期盼。

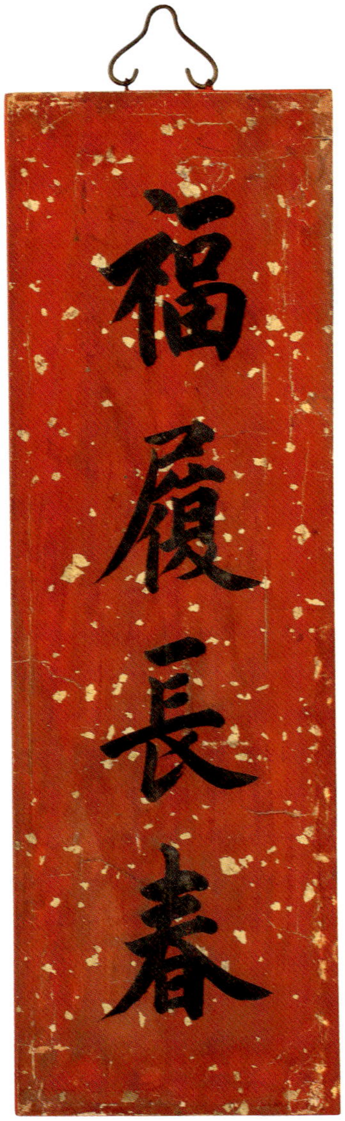

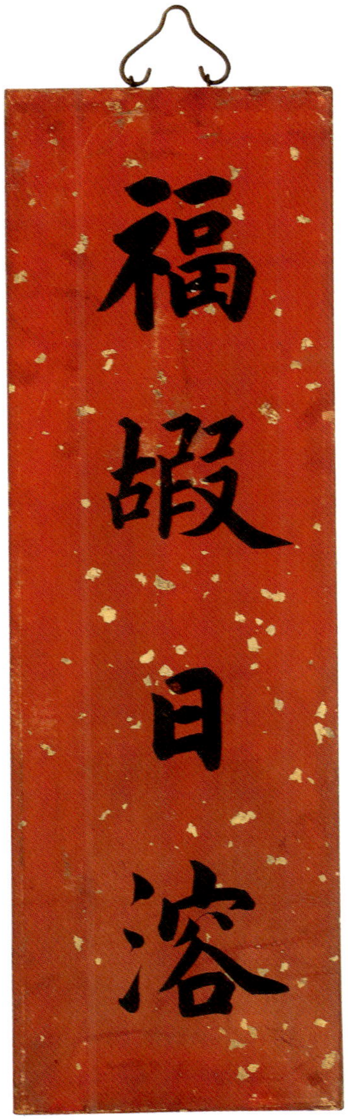

173

吴庆云八百延龄图轴

Pine and Chinese Starlings by Wu Qingyun, Hanging Scroll

清光绪（1875～1908年）

绢本设色

纵176、横112厘米

颐和园藏

图绘柏树苍翠，洞石坚挺，月季盛开，两只八哥在树下嬉戏的场景。画中八哥惟妙惟肖，用浓淡墨色点染，工写兼备。柏树勾勒细腻，施以皴擦点染，极富质感。月季以没骨画出，色调优雅，造型逼真。整幅作品笔墨娴熟，设色温润，变化丰富，妙趣天成。八哥学名鸲鹆，因其本性灵巧，能模仿人言，属祥瑞禽鸟。柏树四季常绿，月季四季开花，皆为“长寿、长青”的象征，更蕴含“延龄益寿”的吉祥寓意。左下落款“臣吴庆云恭画”，钤盖白文印“臣吴庆云”、朱文印“恭画”。

174

屈兆麟山石灵芝图轴

Rocks, Magic Fungus (*Lingzhi*), and Bat by Qu Zhaolin, Hanging Scroll

清光绪（1875～1908年）

绢本设色

纵135、横78厘米

颐和园藏

图绘秀石、灵芝和蝙蝠。嶙峋的秀石四周长满灵芝仙草，象征“延年益寿”，蝙蝠从天而降，寓意“福从天降”，蝙蝠与灵芝则喻为“福至心灵”，山石、蝙蝠和灵芝三者均有“福寿延长”之意。作品将众多美好祝福集于一幅图中表示出来，题材新颖，看似写生绘景，实则暗含巧思。左下落款“臣屈兆麟恭画”，钤盖朱文印“恭画”。

景沣

清晚期内务府大臣。

175

景沣无量寿佛经册

Sutra Displaying the Land of Bliss (*Sukhāvatīvyūha Sūtra*)

清光绪（1875～1908年）

纸本

纵36.2、横23、厚7厘米

颐和园藏

此册为磁青纸，泥金楷书无量寿佛经。三国曹魏时期，来华僧人康僧铠译，无量寿佛即阿弥陀佛之意译。卷上，卷前一开两页，每页一字书“无量寿佛经”，另有白描佛像图。

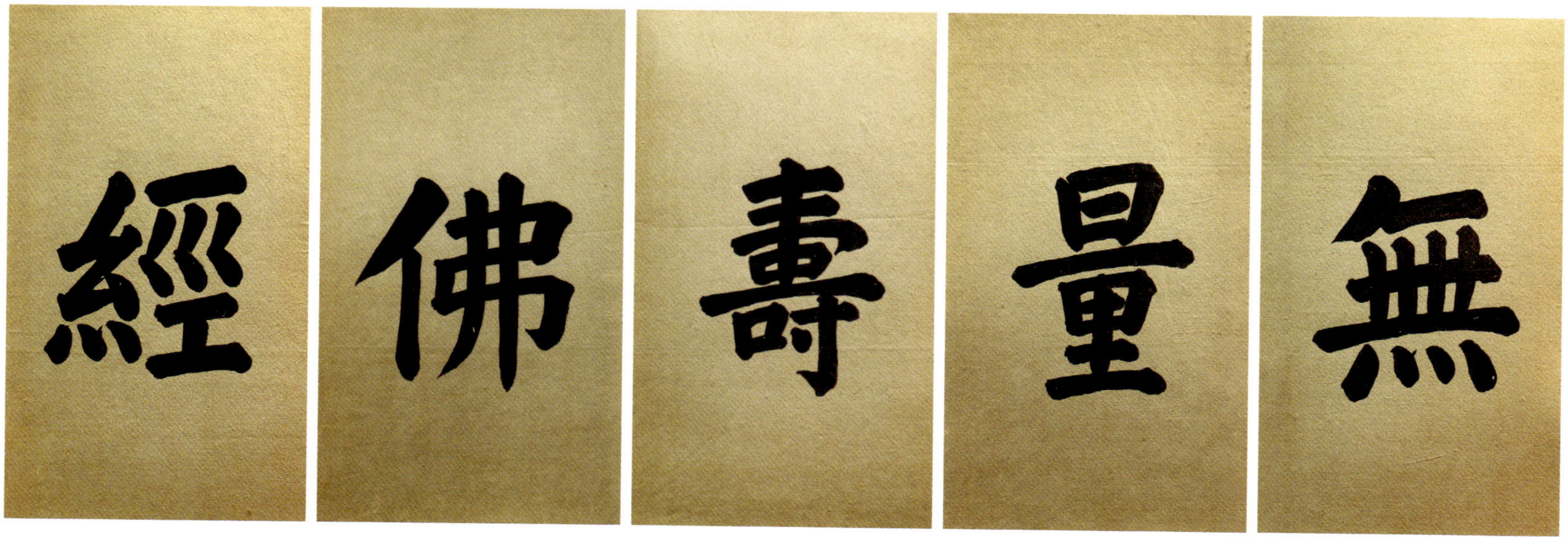

無量壽佛經

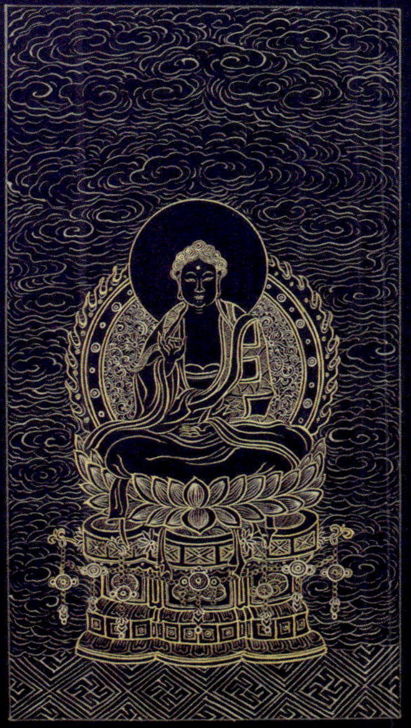

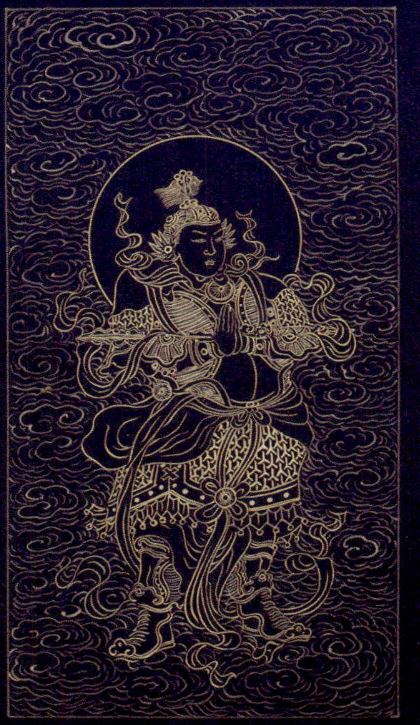

臣景澧恭繪

佛說無量壽經

曹魏康僧鎧譯

閭經時處第一

我聞如是一時佛住王舍城耆闍崛山中

聲聞衆等第二

與大比丘衆萬二千人俱一切大聖神通已達其名曰尊者了本際尊者正願尊者正語尊者大號尊者仁賢尊者離垢尊者名聞尊者善實尊者具足尊者牛王尊者優樓頻螺迦葉尊者伽耶迦葉尊者那提迦葉尊者摩訶迦葉尊者舍利弗尊者大目揵連尊者劫賓那尊者大住尊者大淨志尊者摩訶周那尊者滿願子尊者離鄣尊者流灌尊者堅伏尊者面王尊者異乘尊者仁性尊者嘉樂尊者善來尊者羅云尊者阿難皆如斯等上首者也

菩薩衆等第三

又與大乘衆菩薩俱普賢菩薩妙德菩薩慈氏菩薩等此賢劫中一切菩薩又賢護等十六正士善思議菩薩信慧菩薩空無菩薩神通華菩薩光英菩薩慧上菩薩智幢菩薩寂根菩薩願慧菩薩香象菩薩寶英菩薩中住菩薩制行菩薩解脫菩薩皆導普賢大士之德具諸菩薩無量行願安住一切功德之法游步十方行權方便入佛法藏究竟彼岸於無量世界現成等覺處兜術天弘宣正法捨彼天宮降神母胎從右脇生現行七步光明顯耀普照十方無量佛土六種震動舉聲自稱吾當於世為無上尊釋梵奉侍天人歸仰示現算計文藝射御博綜道術貫練羣籍游於後園講武試藝現處宮中色味之間見老病死悟世非常棄國財位入山學道服乘白馬寶冠瓔珞遣之令還捨珍妙衣而著法服剃除鬚髮端坐樹下勤苦六年行如所應現五濁剎隨順羣生示有塵垢沐浴金流天案樹枝

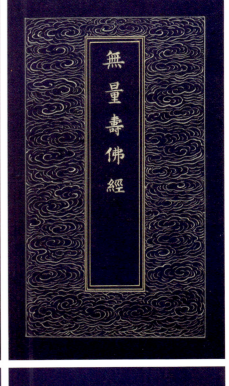

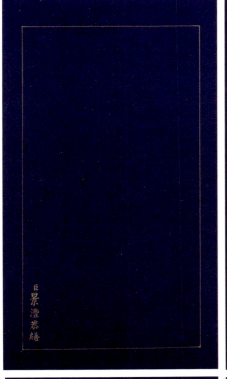

176

『福』字斗方

Square Sheet with Calligraphy "Happiness"

清光绪（1875～1908年）

绢本

纵 59.6、横 59.6、厚 1.7 厘米

颐和园藏

177

『寿』字斗方

Square Sheet with Calligraphy "Longevity"

清光绪（1875～1908年）

绢本

纵 59.6、横 59.6、厚 1.7 厘米

颐和园藏

颐和园内的福字斗方常与寿字斗方成对出现，悬挂在殿宇内匾额两侧。此对斗方为红绢上绘云龙纹，后用黑墨行书福字、寿字。

178

『福』字斗方

Square Sheet with Calligraphy "Happiness"

清光绪（1875～1908年）

纸本

长37.5、宽37.5、高2.5厘米

颐和园藏

179

『寿』字斗方

Square Sheet with Calligraphy "Longevity"

清光绪（1875～1908年）

纸本

长37.5、宽37.5、高2.5厘米

颐和园藏

清代宫廷有在节令由帝王书写“福”字的习俗，所书福字张贴在宫苑各处或赏赐群臣。到清朝末期发展出书“寿”“喜”“龙”等，题材丰富多样。此对斗方外为双灯草线锦边框，内用洒金红色蜡笺纸，墨书福字、寿字，用墨浓厚、字体大方。

180

慈禧御笔『寿』字挂屏

Hanging Screen with Calligraphy "Longevity" by Empress Dowager Cixi

清光绪（1875～1908年）

纸本

纵175、横85厘米

颐和园藏

此挂屏位于德和园颐乐殿东尽间东墙上面西。洒金蜡笺纸上墨笔行书“寿”字，笔墨浑厚，运笔流畅。上方正中钤篆书“慈禧皇太后御笔之宝”朱文方印。

181

凤纹五屏式有束腰带托泥紫檀宝座

Five-Panel *Zitan* Phoenix Throne with Character for Longevity

清（1644～1911年）

长112、宽64.5、高112.5厘米

颐和园藏

紫檀木制，宝座五屏风式，座面呈腰圆形，靠背和扶手亦随座面形状向内环抱，攒框装芯板双面铲地浮雕夔凤衔团寿纹，刀法生动流畅。宝座下承六条双劈料变体马蹄腿，俗称“花马蹄”，鼓腿彭牙。下承腰圆形托泥与座面形状相应。该宝座用料厚重，纹饰独特，在宫廷家具中也属罕见。

天地爲壽

182

双龙捧寿纹有束腰红木方几（一对）

Hongmu Armrests with Twin Dragons Holding Character for Longevity

清（1644～1911年）

长38.6、宽38、高84.5厘米

颐和园藏

通体红木制。几面攒框装芯，边抹用双混面，下接束腰。每面设有牙板及两个下挂角牙，分别镂空雕刻双龙捧寿纹及云纹。牙板下有隔板，也用攒框装芯做法，下有牙板，铲地雕刻回纹装饰。腿足做展腿式样，上方下圆，底足外翻回纹马蹄。龙纹和团寿纹都是清代宫廷家具中最常见的题材之一，在彰显皇家威仪的同时也表达了对长寿的渴望。

第五单元

SECTION FIVE

福寿攸同

INFLUENCE ABROAD

唐宋以来，随着海上丝绸之路的兴起，中国福寿文化与艺术形象随外销器物漂洋过海，流播亚欧；至清代中外通商规模进一步扩大，中外文化交流融合不断加深，携带着福寿文化符号的中国外销商品风行海外，扩大了中国福寿文化在海外的影响力。

Since the Tang and Song dynasties, with the rise of the Maritime Silk Road, the culture and artistic images of Chinese happiness and longevity spread across the seas with exports, reaching Asia and Europe. The scale of Sino-foreign trade further expanded in the Qing dynasty, and the integration and exchange of Chinese and foreign cultures deepened. Chinese export commodities carrying the symbols of happiness and longevity became popular and broadened the influence of Chinese culture overseas.

183

青釉鸟纹『寿』字碗残片

Green-Glazed Bowl Sherd with Character for Longevity and Bird Motif

唐（618～907年）

残长10、残宽6.6、残高4.36厘米

宁波博物院藏

1973～1975年宁波和义路码头遗址出土，越窑产品，圈足上留有支烧痕。内底印鸟纹和“寿”字，旁印“大中二年”（848年）铭。

184

青花石榴纹盘

Blue-and-White Dish with Pomegranate

明嘉靖（1522 ~ 1566 年）

直径 29.5 厘米

中国园林博物馆藏

敞口，折沿，浅腹，圈足。胎质细腻，釉色清亮，盘心饰榴开百子纹，盘内壁饰花卉纹，外壁饰缠枝花卉纹。

185

青花松鹿纹花口盘

Blue-and-White Lobed Dish with Pine and Deer

明万历（1573～1620年）

直径20.8、高2.9厘米

中国园林博物馆藏

敞口，折沿，浅腹，圈足。胎质细密，釉色清亮。盘心绘松鹿纹，盘壁内外均饰花卉瓜果纹。双鹿松树纹，布局明朗，双鹿相互顾盼呼应，颇具动感。

186

青花鹿纹小碗

Blue-and-White Bowl with Deer

明万历（1573～1620年）

口径9.1、底径4.1、高4.7厘米

广州博物馆藏

碗直口，弧腹，圈足，口沿及底足饰两道弦纹，釉表洁白泛青，青花发色纯正。碗壁主体纹饰为一只向前奔跑的小鹿，形态描绘写实生动。鹿谐音“禄”，在我国传统瓷器纹饰上，鹿纹有着祈祝“福禄”的美好寓意。

187

青花暗八仙纹克拉克盘

Blue-and-White *Kraak* Dish with Eight Daoist Emblems

明万历（1573～1620年）

口径29、底径15.6、高4厘米

广东省博物馆藏

“万历号”沉船出水。锐唇、花瓣口外撇、浅弧腹、折沿、圈足。折沿及内壁处绘八扇形开光，开光内以折枝花卉纹和暗八仙纹为饰，各开光间以绶带纹长条形开光相间隔，盘外壁随意勾勒六圆形和长条形以烘托内饰。内底心青花锦地八菱形开光，开光内主题纹饰为暗八仙图案，青花发色蓝中泛灰，胎体轻薄。

“万历号”沉船于2003年11月在马来西亚海域被瑞典打捞者发现，因装载大量明代万历时期瓷器而得名。以景德镇窑青花瓷为主，其中主要是克拉克瓷。

188

青花『寿南山 福东海』『清』字盘

Blue-and-White Dish with Auspicious Inscription

明万历（1573～1620年）

口径25、底径12、高7.3厘米

广东省博物馆藏

“南澳Ⅰ号”沉船出水。福建漳州窑产品。该器圆唇，敞口，弧腹，圈足。内、外口沿及底部以青花色圈为饰。盘腹内壁绘三朵菊花，中间留白处写有一行草“清”字，盘心双圈内书有行草“寿南山 福东海”六字，青花呈色深浅不均。

“南澳Ⅰ号”沉船位于广东省汕头市南澳县云澳镇东南三点金海域，是一艘明代晚期的商船，初步推测“南澳Ⅰ号”是从福建漳州附近驶向东南亚一带，共出水各类文物超过两万六千件，其中以景德镇窑及漳州窑瓷器为主。

189

青花垂柳鹊鸟纹『寿』字杯

Blue-and-White Cup with Character for Longevity, and Willow and Bird Motif

明万历（1573～1620年）

口径6.3、底径2.5、高3.8厘米

广东省博物馆藏

“南澳Ⅰ号”沉船出水。侈唇撇口，深腹弧壁，腹部重心下移，圈足，足底书青花“寿”字款。器表内外通体施透明白釉，釉表白净泛青。整器规整轻巧，胎质白净坚密。内壁近口沿处饰青花弦纹一周，外壁则绘青花主题垂柳鹊鸟纹为装饰图案。

190

青花垂柳鹊鸟纹『福』字杯

Blue-and-White Cup with Character for Happiness, and Willow and Bird Motif

明万历（1573～1620年）

口径6.5、底径2、高4厘米

广东省博物馆藏

“南澳Ⅰ号”沉船出水。侈唇撇口，深腹弧壁，腹部重心下移，圈足，足底书青花“福”字款。器表内外通体施透明白釉，釉表白净泛青。整器规整轻巧，胎质白净坚密。内壁近口沿处饰青花弦纹一周，外壁则绘青花主题垂柳鹊鸟纹为装饰图案。

191

青花折枝花卉纹『福』字大盘

Blue-and-White Platter with Character for Happiness and Flower Pattern

明万历（1573～1620年）

口径31、底径11.5、高8.5厘米

广东省博物馆藏

“南澳Ⅰ号”沉船出水。漳州窑产品。圆唇，敞口，弧腹，圈足。内、外口沿及底部以青花色圈为饰。盘内腹壁绘四朵折枝花卉，盘心纹饰分为两层，内层书有一“福”字，外层为缠枝花卉纹，外壁上下各绘青花色圈一周。青花整体颜色泛灰，胎体厚重，胎质略粗。

192

青花庭院仕女纹盘

Blue-and-White Dish with Beauties in Garden

清康熙（1662～1722年）

直径7.6、高4厘米

中国园林博物馆藏

敞口，折沿，浅腹，圈足。胎质细腻，釉色清亮。盘心绘庭院仕女纹，仕女发结高耸，面带微笑，端庄典雅，盘内壁饰缠枝花卉，外壁饰折枝花卉。

193

粉彩仕女婴戏图盘

Famille Rose Dish with Beauties and Children-Playing Theme

清雍正（1723～1735年）

直径45、高8厘米

中国园林博物馆藏

敞口，板沿，浅腹，圈足。胎质细腻，釉色淡雅多彩。盘口饰花草纹，盘心绘庭院仕女婴戏图，盘外壁绘花卉纹。

194

粉彩博古纹盘

Famille Rose Dish with Designs of Antiquities

清雍正（1723～1735年）

直径36、高3厘米

中国园林博物馆藏

敞口，板沿，浅腹，圈足。胎质细腻，釉色淡雅。盘口饰花草纹，盘心绘博古图。

195

青花松鹿纹海棠形盘

Blue-and-White Quatrefoil Dish with Pine and Deer

清乾隆（1736～1795年）

口径33.5×24、底径24×16、

高3.2厘米

广州博物馆藏

这件瓷盘开光处饰庭院松鹿纹样，有祈祝“福满寿长”之意。“开光”为我国瓷器上常用的传统装饰手法，指在瓷器上画出边框，并在边框中绘制山水、人物、花卉等图样。

196

青花斗鸡图盘

Blue-and-White Dish with Cockfighting

清乾隆（1736～1795年）

口径22.1、足径12.4、高2.3厘米

广州博物馆藏

盘平口，浅腹，矮圈足，酱色口，盘沿绘以莲花、竹叶纹饰，盘中心绘斗鸡图。构图新颖活泼，生动有趣。在我国古代，鸡被认为是具有“文、武、勇、仁、信”五德的“德禽”，因此其纹饰常被用在瓷器及织绣等器物上，寓意大吉大利，功名富贵。

此盘从瑞典东印度公司“哥德堡”号沉船打捞出水，2006年7月21日瑞典国王卡尔十六世·古斯塔夫到访广州时，作为礼物赠给广州市市长，后收藏于广州博物馆，是中瑞贸易和文化交流的历史物证。

197

青花松鶴人物纹盘

Blue-and-White Dish with Pine, Cranes, and Figures

清乾隆（1736～1795年）

口径 22.2、底径 12、高 4 厘米

中国园林博物馆藏

敞口，板沿，浅腹，圈足。胎质细腻，釉色清亮。盘心绘松鹤人物图，苍劲的松树下，三只仙鹤停驻，两位女子姗姗而来，引得仙鹤回首而视，空中一仙鹤作回首状。盘口绘缠枝花卉纹，线条流畅。此盘纹饰主次分明，动静结合。

198

青花暗八仙团花天球瓶

Blue-and-White Globular Vase with Eight Daoist Emblems and Medallions

清乾隆（1736～1795年）

高41.5厘米

中国园林博物馆藏

直口，长颈，鼓腹，状似球体，矮圈足。胎质细腻，釉色清亮。瓶颈部绘蕉叶纹，上腹部饰莲瓣纹，器身中间部位多处留白，其间饰暗八仙、团花纹等吉祥图案。寓意吉祥如意，富贵长寿。

199

广彩松鹿纹大碗

Guangcai Punch Bowl with Pine and Deer

清乾隆（1736～1795年）

口径22.5、足径11、高9.5厘米

广州博物馆藏

碗外壁绘色彩绚丽的双鹿、双羊及西方花卉纹饰。这种碗又称“宾治碗”或“潘趣碗”，欧洲人曾大量从景德镇和广州订烧，用于盛放他们非常爱喝的用各种水果、酒、冰块和果汁调制而成的一种佐餐饮料宾治酒。

200

广彩锦地开窗人物纹狮纽盖瓶

Guangcai Vase with Figural Scenes on a Diaper Ground and Lion-Shaped Knob

清乾隆（1736 ~ 1795年）

口径9.5×6.9、足径9.8×7.3、高35.6厘米

广州博物馆藏

广彩瓷选用景德镇的白素瓷，工匠们依外商来样加彩绘烧制，纹饰精细、色彩艳丽、有堆金织玉之感，因此又称“织金彩瓷”。18世纪开始，主要面向海外市场的广州彩瓷在造型及装饰上呈现强烈的中西合璧风格。

201

粉彩松鼠葡萄纹盘

Famille Rose Dish with Squirrels and Grapes

清雍正（1736～1795年）

直径 22.5、高 4 厘米

中国园林博物馆藏

敞口，板沿，浅腹，圈足。胎质细腻，釉色靓丽。盘口绘锦地纹、瓜瓞纹，盘心绘松鼠葡萄纹，寓意古人对多子多福的追求。

202

粉彩西洋花卉纹盘

Famille Rose Dish with Western Flowers

清乾隆（1736～1795年）

直径8.5、高2.4厘米

中国园林博物馆藏

敞口，浅腹，圈足。胎质细腻白洁、釉色靓丽多彩。盘中绘有西洋花卉纹饰，鲜花盛开，色彩纷扬。纹饰刻画细腻，线条柔和，做工考究。

203

青花徽章花卉纹盘

Blue-and-White Armorial Dish with Floral Design

清乾隆（1736～1795年）

口径22.8、足径13、高2.4厘米

广州博物馆藏

此盘由瑞典格里尔家族约1755年订制，盘中纹章采用不对称盾牌形，盾面饰一只口衔蚱蜢的鹤单腿站立在两树枝之间，盾牌上方是开放的栅栏式头盔，头盔顶饰也是同一姿势的鹤纹，盘外沿装饰连续菱形纹和对称间隔分布的四组洛可可式花卉纹，整套设计出自当时顶尖设计师普雷切特（Christian Precht）之手。格里尔家族是瑞典东印度公司的重要家族之一，1731至1766年间，先后有四位成员担任东印度公司董事。

204

蓝彩矾红描金徽章花卉纹盘

Armorial Dish Painted in Underglaze Blue and Overglaze Red

清嘉庆（1796～1820年）

足径 13.2、口径 24、高 2.2 厘米

广州博物馆藏

这是一件中国景德镇仿日本伊万里瓷器生产的“中国伊万里”瓷器。明末清初日本生产的仿景德镇瓷器盛行欧洲。17世纪末，清政府重启瓷器贸易后，景德镇也开始生产当时在欧洲颇受欢迎的日本伊万里风格瓷器。该盘是英国约瑟夫·威廉森爵士约1800年定制的，盘沿的上下两端绘制的是该家族的纹章盔饰及家族箴言。盘中装饰内容展现出中国风元素，如竹子、山石、花卉等，此类风格外销瓷的出现，体现了中国传统文化元素传播的轨迹。

205

青花粉彩描金松竹花卉纹盘

Famille Rose and Underglaze-Blue Dish with Evergreen and Flowers

清乾隆（1736～1795年）

口径 37.5×31.7，底径 27.5×20.5，高 5.3 厘米

中国园林博物馆藏

椭圆形，敞口，板沿，浅腹，平底。胎质细腻，釉色清亮。盘口沿处绘锦地纹，内壁绘缠枝花卉纹，盘心绘有松竹花卉纹。

206

青花粉彩麻姑献寿纹盘

Famille Rose and Underglaze-Blue Dish with Magu Offering Longevity

清道光（1821～1850年）

口径36.4×29.5、高3.2厘米

广州博物馆藏

这件瓷盘开光处主体图案为麻姑献寿，并绘制松树、灵芝等有长寿寓意的植物，有祈祝“长寿”之意。

207

青花龙纹贴塑松鼠葡萄双耳花瓶

Blue-and-White Vase with Dragons and Applied Squirrels and Grapes

清道光（1821～1850年）

口径19.1、底径15.9、高23厘米

广州博物馆藏

花插，原是德国的一种铜器器形。清中期，欧洲人开始在我国订购此类青花、广彩、粉彩花插。

208

石湾窑寿星骑鹿像

Shiwan Sculpture of the God of Longevity Riding a Deer

清晚期（1840～1911年）

高19厘米

广州博物馆藏

石湾陶业兴起于唐代，明清时期发展迅速，其以仿钧瓷最为著名，故又称“广钧”。石湾陶造型生动，质朴浑厚，釉色变化丰富，以稔花色、翠毛蓝、玫瑰紫、石榴红等最具代表性。可掌上赏玩或置于案上观赏的“石湾公仔”是其最具特色的产品。

209

铜胎画珐琅西番莲纹剃须盘

Copper Beard Dish Painted in Enamels with Floral Design

清乾隆（1736～1795年）

长41.5、宽3.3、高7.5厘米

广东省博物馆藏

椭圆形，折沿，腹微鼓，矮圈足。器物整体采用画珐琅工艺。内底及折沿绘缠枝花卉，纹饰密而不乱；内壁饰四个开光，开光内绘有不同花卉，各开光间以浅蓝色为底绘黑色蔓草纹以及蓝色小花；内壁和折沿连接处饰一周红色蔓草。折沿底部施绿色冰裂纹；外腹壁及底部皆施白釉，外腹壁四面分别绘有一组花卉，底部绘有水果图案。这件器物造型独特，色彩丰富，对于研究当时的社会生活、中西文化交流具有一定的价值。

210

铜胎画珐琅开光郭子仪祝寿图螭耳瓶

Copper Baluster Vase Painted in Enamels with Birthday Celebration for General Guo *Ziyi*

清（1644～1911年）

口径21、底径19、高59.5厘米

广东省博物馆藏

器物整体采用画珐琅工艺，以蓝色珐琅彩釉为底。盆口，长颈外撇，左右对称一对螭耳，腹部向下渐收，圈足。瓶颈绘有缠枝花卉纹和蕉叶纹，肩部环饰蝙蝠彩云和如意纹，瓶身中部前后各有一开光，环缀缠枝花卉。开光内描绘的是郭子仪拜寿：一边是身着黄色外衣的夫妇二人端坐内堂，接受众人朝拜，并有人献上寿桃；另一边是黄衣长者独坐外屋，两排侍卫护守，堂下众人中有头戴礼帽、颈系领结、长着络腮胡子的外国人，以及头戴翎帽、画着脸谱的武将。纵观众人之服饰皆非清朝人装束，极有可能是戏剧中表现中外使臣、文武百官庆贺的场景。瓶的内部和底部皆素白无纹。此瓶体形硕大，由几部分组合而成，瓶内可见双耳由三根支钉固定，颈部与器身以金属构件连接。

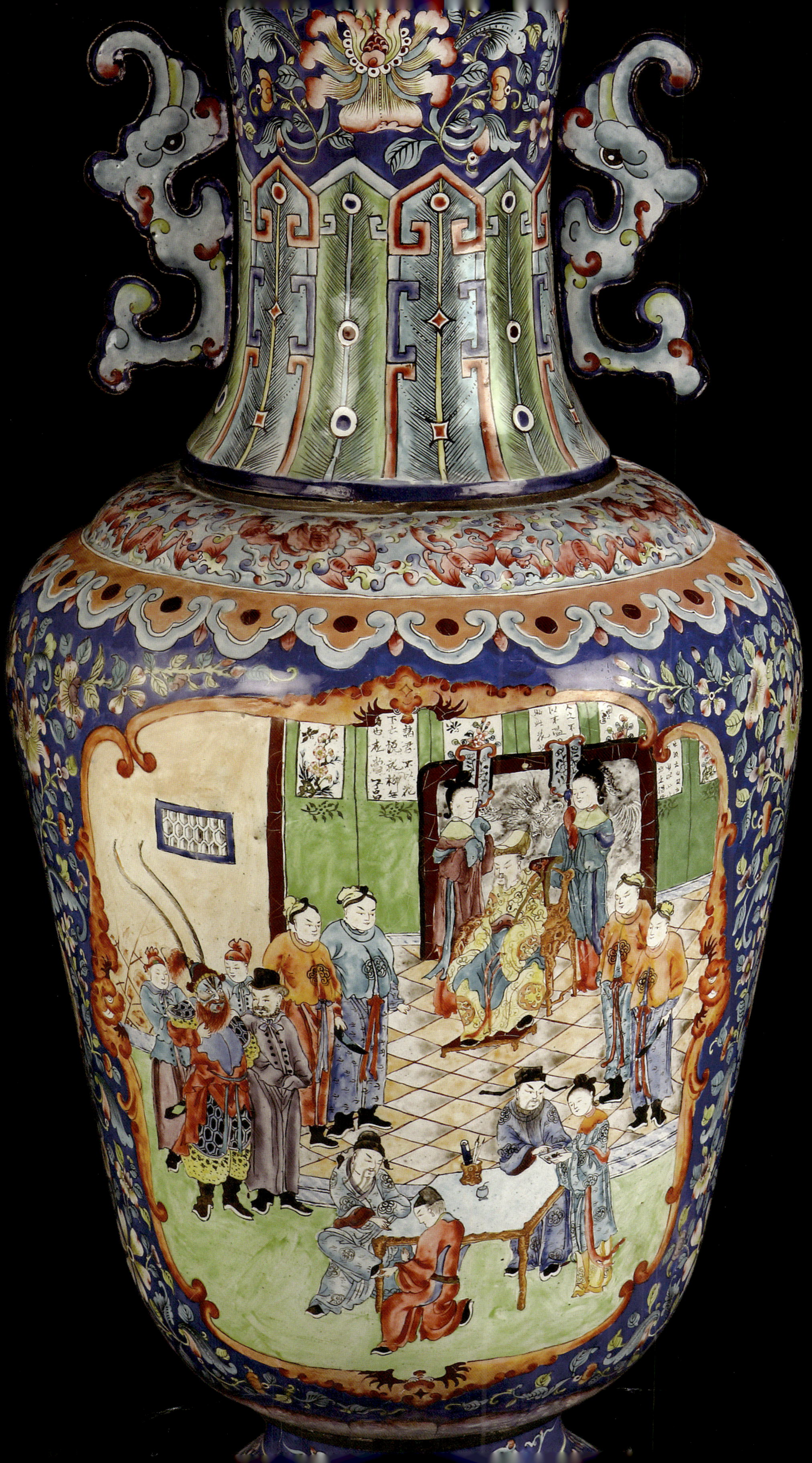

211

银双龙耳群仙祝寿纹大碗

Silver Bowl with Dragon-Shaped Handles and Birthday Celebration Theme

清（1644～1911年）

口径28、通宽42.4、通高23.2厘米

平湖玺印篆刻博物馆藏

通体银质，深腹圈足，左右对称饰双龙耳。器外壁锤揲錾刻楼台人物，主体建筑两侧刻有“玉皇登殿”“诸神朝天”字样，可知中央端坐者为民间神话中“玉皇大帝”，其背后仙女持扇，两侧诸路神仙持笏朝拜。碗另一侧中央纹饰似太阳光芒四射，左右祥云上装饰七仙女、四大天王、哪吒等神话人物，并有福星手持“天官赐福”字样。整体纹饰题材丰富、刻画精细，充满着吉祥寓意。

212

银锤揲錾刻RT纹章五老松竹纹名片盒

Repoussé Silver Armorial Business Card Case with Opera Scene and Bamboo Pattern

19世纪

长10、宽6.7、厚1.1厘米

广东省博物馆藏

通体银质。由盒盖、盒身组合而成，子母口，长方形。整体采用锤揲錾刻工艺。盒盖与盒身相合形成完整画面，一面图案为戏曲人物，画面中部有盾形文章，内刻“RT”花体字母；另一面为竹叶纹；底部錾刻“WH”款。

213

银累丝MK款福在眼前纹名片盒

Silver Filigree Business Card Case with Bats, Flowers, and MK Logo

清（1644～1911年）

长9.4、宽6、厚1厘米

广东省博物馆藏

通体银质。由盒盖、盒身组合而成，子母口，“亚”字形。整体采用累丝工艺，以粗银丝做骨架，以细银丝累出底纹，“亚”字形开光内一面嵌银丝累出鱼、金钱、蝙蝠等图案，另一面嵌银丝累出蝙蝠、花卉纹，寓意“福在眼前”“年年有余”，四周为银丝累出的花卉卷草纹饰。盒盖与盒身相合形成完整图案。在金漆图案上嵌一小银片錾“MK”款。该器物装饰立体，造型精巧，工艺繁复。

214

银梅竹蝙蝠纹烟膏盒

Silver Opium Paste Case with Bamboo, Plum Blossoms, and Bats

晚清—民国（1840～1949年）

宽5.8、厚2.6、高5.5厘米

宁波中国港口博物馆藏

通体银制。盖顶贴焊蝙蝠纹，腹部以鱼子纹为地，开窗内锤揲梅竹纹。戳印：明远。

215

银锤揲錾刻『松鹤延年』花鸟人物纹名片盒

Repoussé Silver Business Card Case with Auspicious Emblems

清（1644～1911年）

长10.5、宽6.4、厚0.9厘米

平湖玺印篆刻博物馆藏

通体银质，由盒盖、盒身组成，子母口，单侧以轴承链接。双面均錾刻纹样。其中一侧盒盖錾刻“富贵寿久”，下部盒身装饰松石、仙鹤、牡丹纹样；另一侧盒盖錾刻“松鹤延年”，下部以细密菱形方格为底，錾刻戏曲故事“空城计”，可见诸葛孔明持羽扇立于城楼之上，两侧随侍童子，城下旌旗间司马懿父子持剑而立。此名片盒在方寸之间将传统福寿题材融为一体，构思巧妙，制作精湛。

216

银锤揲林子春款福寿如意纹鞋形针线盒

Repoussé Silver Sewing Kit in Shoe Shape with Auspicious Emblems

晚清—民国（1840～1949年）

长12.3、宽3.9、高3.8厘米

宁波中国港口博物馆藏

鞋面以布纹为地，锤揲福寿如意云纹，底部戳印：WH 林子春 90。

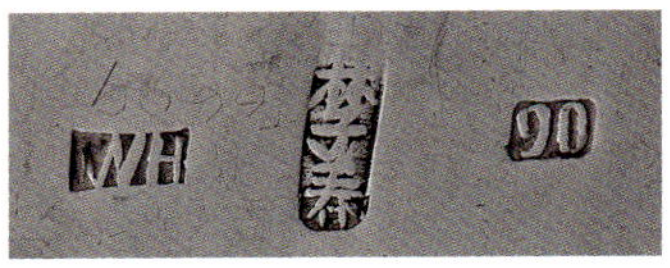

217

银錾刻渔樵耕读双龙徽章纹提包

Repoussé Silver Tote Bag with Armorial Design and Character for Happiness

清晚期（1840～1911年）

长42.3（带链）、宽22厘米

宁波中国港口博物馆藏

提包顶部一面镂孔錾刻人物福纹，另一面镂孔錾刻双龙徽章纹。银包内有两层，内层为牛皮包，外层为银丝编织而成。

218

银锤揲寿字人物故事纹盒

Repoussé Silver Box with Character for Longevity and Figural Scene

清晚期（1840～1912年）

口径7.2、底径7.2、高5.1厘米

宁波中国港口博物馆藏

母口盖，盖面以鱼子纹为地，锤揲松竹人物纹，口沿处以布纹为地，锤揲一圈寿字，盒身以鱼子为地，锤揲人物故事纹，平底戳印：桂祥（两组）。

219

银镂雕双蝶捧寿纹茶船

Boat-Shaped Silver Tea Saucer with Openwork Auspicious Designs

晚清—民国（1840～1949年）

长18.8、宽8.7、高4.7厘米

宁波中国港口博物馆藏

茶船平底，四周镂雕“寿”字和“卍”字纹，船内底线刻双蝶捧寿纹，圈足。外底戳印：北京 万宝新 足银。

220

银錾刻徽章菊花纹茶具

Repoussé Silver Coffee and Tea Set with Armorial Design and Chrysanthemum

清（1644～1911年）

盘通长52.7、宽32.7厘米；

壶通长24.5、通高24厘米

广州博物馆藏

茶具一套四件，含茶壶、咖啡壶、糖碗和奶罐，各器外壁錾刻菊花纹，腹部中间留出盾形纹章，盾牌内刻定购者的姓名缩写字母。

中国银器的外销，初期主要是纯中国式的，因中国银器造型奇特、工艺精湛，价格低廉，而吸引外商争相采购。之后出现了按西方审美定制的外销器形，如欧洲市场流行的洛可可、新古典主义等装饰风格也陆续出现在中国生产的银质茶具中。

221

银竹纹壶、罐、杯三件套

Silverware Set with Bamboo Motif

清（1644～1912年）

壶口径10.5、高4厘米；

罐口径8、高7.5厘米；

杯口径8、高7.9厘米

宁波中国港口博物馆藏

壶，帽盖，葫芦纽，盖顶阴錾刻蝶戏石榴纹，竹节流錾，流三弯修长，錾呈耳形，两端镶嵌象牙隔热棒。罐，双耳竹节錾。

杯，鱿形流，竹节錾。

三件均为盘口，短颈，溜肩，鼓腹，腹底有一乳状突起，四足，足尖外撇。腹部堆焊竹叶白头翁纹。

222

银镀金龙纹茶壶

Gilt Silver Teapot with Dragon Motif

19 世纪末至 20 世纪初

长 20.5、宽 18.5、口径 8、底径 9.5、

高 18.4 厘米

颐和园藏

一套两件，分为茶壶和烧水架。圆形壶身，腹部以锤揲工艺饰龙纹，器盖、流饰竹节纹。银架呈弧形，分四足，饰竹节纹，底部设灯架，用于煮水。

223

银锤揲松鹤牡丹纹茶壶三件套

Repoussé Silver Tea Set with Dragon-Shaped Handles and Auspicious Emblems

民国（1912～1949年）

壶长21.2、宽10.8、高14.7厘米；
奶罐长12.2、宽8、高10.2厘米；
糖罐长17、宽9.4、高13厘米

平湖玺印篆刻博物馆藏

此套茶具由壶、糖罐、奶罐三件组成。其中壶、糖罐均为帽盖、伞状纽，壶流三弯修长；奶罐敞口，流较短且宽。三件茶具均为龙形鋬，腹部圆鼓，一侧锤揲云龙纹，另一侧锤揲松鹤牡丹纹样，其松针、羽毛、花蕊刻画细腻，体现出精湛的工艺水平。

224

银掐丝珐琅花卉纹碗（一对）

Silver and Cloisonné Enamel Bowl with Flowers

19 世纪末至 20 世纪初

口径 18.8、底径 10.6、通高 19.2 厘米

颐和园藏

此对碗圆口，圈足，外壁分饰梅花、菊花等纹饰，烧珐琅彩料，鲜艳夺目。下接木质底座，镂空设计，五足弯曲呈龙形。

225

银镀金花卉龙纹碗

Gilt Silver Bowl with Dragon and Flowers

19 世纪末至 20 世纪初

口径 21.8、底径 13、高 12 厘米

颐和园藏

此碗花口，圈足。口部卷曲，饰莨苕纹，碗身以锤揲工艺分饰四组图案，两两对称，其一为云龙，张牙舞爪，须发长飘；其一为菊花，花蕊饱满，生意盎然。龙象征高贵、尊荣，而菊花代表高洁的品质，蕴含了吉祥美好的寓意。

226

银镀金山水人物纹碗

Gilt Silver Bowl with Figures in Landscape

19 世纪末至 20 世纪初

口径 21.8、底径 13、高 12 厘米

颐和园藏

此碗弧壁，深腹，圈足，器身以锤揲工艺装饰风景人物图案，图中山峦林木、江帆楼阁，雕琢精细，惟妙惟肖，是中国传统绘画技法在银器上的巧妙运用。

227

银锤揲八仙过海纹龙柄杯

Repoussé Silver Cup with Dragon-Shaped Handle and Eight Immortals Crossing the Sea Theme

清（1644～1911年）

长11、宽6.2、高9厘米

平湖玺印篆刻博物馆藏

此杯整体造型类似西式“马克杯”式样，杯体呈圆柱形，口径略小于底径。杯体装饰为中式风格，以龙身为柄。杯外壁满饰“八仙过海”故事题材，可分为上下两层，下层为海水，波涛汹涌间虾兵蟹将各持兵器，险象环生。上层为八仙，骑瑞兽、持法器、驾祥云，泰然自若。杯壁与柄相对位置留有空白盾牌形装饰，应为錾刻徽章使用。

228

银锤揲松鹤纹碗

Repoussé Silver Bowl with Pine and Crane

清晚期（1840～1911年）

口径17、底径9.3、高10.3厘米

宁波中国港口博物馆藏

敞口，弧腹，喇叭形底足，口沿处贴焊菊花纹，腹部贴焊松鹤纹。底座外侧戳印：WH 祥 90。

229

银锤揲松鹤纹瓶

Repoussé Silver Vase with Pine and Crane

晚清—民国（1840～1949年）

口径9、底径6.7、高22.5厘米

宁波中国港口博物馆藏

盘口，腹部贴焊松鹤纹，底部穿孔，配木底座，底部戳印：ZEE WO其昌。

230

银镀金锤揲八仙人物纹瓶

Gilt Silver Vase with Repoussé Decoration and Eight Immortals

19 世纪末至 20 世纪初

口径 9.5、直径 12.7、高 27.3 厘米

颐和园藏

银质圆瓶，侈口束颈，折肩长腹，下接平底。口沿外侧呈菊花瓣形状，颈部饰四季花卉，腹部设开光图案，内部用锤揲工艺饰古代神话人物。其一为寿星，侧身而立，高额长须，左手捧桃，右手执杖，脚踏祥云，衣袖飘飘。另一为八仙，表情生动，姿态各异，纹路、线条十分细腻。

231

银掐丝珐琅人物鹿鹤纹瓶

Cloisonné Enamel Vase with Figures, Deer, and Crane

19 世纪末至 20 世纪初

口径 10.7，底径 8.5，高 35 厘米

颐和园藏

此瓶侈口、束颈、丰肩、弧腹，平底。颈部饰梅花，腹部以珐琅分饰人物、动物。一侧为两翁对立，双鹤盘旋，一侧为鸟兽图案，有孔雀回首，猕猴捧桃，鹿衔灵芝，又有牡丹绽放，群蜂飞舞，蕴含了富贵、长寿的吉祥寓意。

232

银镀金竹鹤纹高足盘（一对）

Gilt Silver Stem Cup with Bamboo and Crane

19 世纪末至 20 世纪初

口径 35.5、高 44 厘米

颐和园藏

银制高足盘，敞口平沿，边缘镂空，浅腹平底。盘内饰四组花卉纹，局部镀金。足部修长，由数根竹形立柱组成。下接圆座，三只仙鹤环绕站立，四周饰兰、菊等花卉。

233

银锤揲八仙过海人物故事纹铺首衔环大碗

Repoussé Silver Bowl with Animal Mask Handles and Eight Immortals Crossing the Sea Theme

清（1644～1911年）

直径32.8、最宽37.7、高21、通高25厘米

平湖玺印篆刻博物馆藏

深腹、圜底，对称饰铺首衔环，外壁通体锤揲“八仙过海”故事题材纹样。碗外壁底部装饰海水，其间东海龙王乘龙持双剑带领一众兵将出水拦阻，外壁中上部八仙持法器各显神通与之相抗，人物动作表情活灵活现。除“八仙过海”之外，还刻画了四大天王、雷震子、金山寺等诸多民间神话人物故事。

234

银镀金携琴访友龙纹双耳高足杯

Gilt Silver Double-Handled Stem Cup with Scene of Carrying a *Qin* on a Visit to Friends

19 世纪末至 20 世纪初

口径 29.3、高 35.5 厘米

颐和园藏

奖杯形银杯，花形侈口，弧壁深腹，高足圆底。杯壁以锤揲工艺饰人物故事图。两侧雕龙形双耳，躯体修长，背负双翼，具有异域风情。杯与底座以圆柱连接，饰飞舞的云龙。底座中间凸起，边缘斜下，四方雕龙首，口吐利爪，作为四足。

235

黑漆描金人物故事纹折扇

Gilt-Painted Black Lacquer Folding Fan with Figural Scene

清道光（1821～1850年）

长21、展幅宽38.5厘米

广东民间工艺博物馆藏

道光晚期，黑漆描金折扇在经历了几何纹、植物纹、山水纹和动物纹装饰后，出现了描绘人物的纹饰。如同当时其他外销工艺品，以清装人物及其家居为主题的“满大人”图案开始大量出现在漆扇上。

这把扇子的每根扇骨顶端均呈花边形，以人物纹和石榴、花卉纹相间。其主体纹饰“满大人”图案在书卷形大开光之内；外绕一圈琴、书、画以及花果、蝴蝶、金钱、鱼鼓等吉祥纹饰；扇骨下半段绘卷草、碎叶纹。边骨亦绘庭园人物纹。反面纹饰大致相同。

236

黑漆描金开光山水纹折扇

Gilt-Painted Black Lacquer Folding Fan with a Panel of Landscape

清道光（1821～1850年）

长20、展幅宽32厘米

广东民间工艺博物馆藏

这把扇子主要描绘了山水与亭台楼阁纹饰，中央有一块预留作绘标志用的横向小开光。其边骨绘葡萄藤蔓纹及开光山水纹。每根扇骨顶端都绘有一款动物，分别有鼠、鹿、狮、羊、蛙、猪、猿、狗等，形态生动逼真，画工细腻。

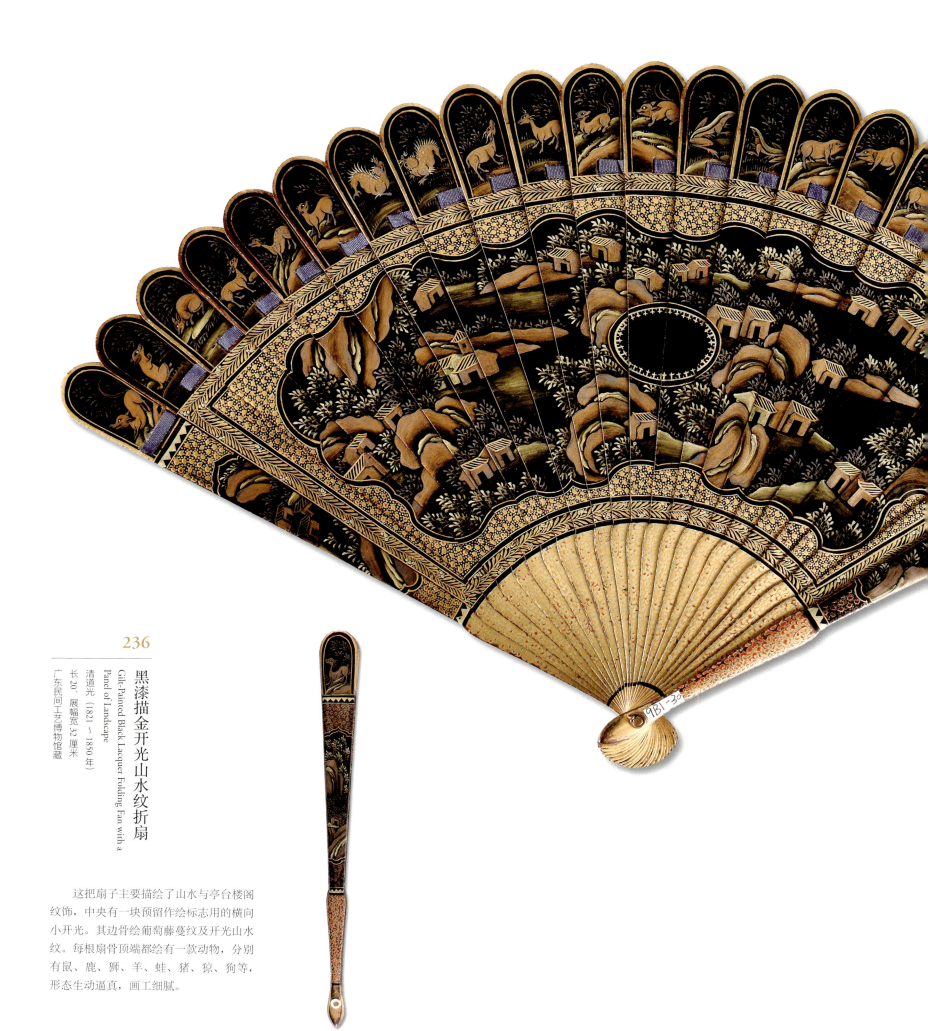

237

黑漆描金广绣花卉纹折扇

Gilt-Painted Black Lacquer Folding Fan with Cantonese Embroidery of Flowers

清道光（1821 ~ 1850 年）

长 28.2、展幅宽 50 厘米

广东民间工艺博物馆藏

黑漆描金折扇，共八叶。扇面分别露出黑漆描金扇骨及绣花卉纹丝质扇面，设计独特，其中黄色、白色为丝质绢面，蓝色和红色为丝质绫面。扇骨作黑漆描金人物及花草纹，边骨为描金人物花蝶纹。

此扇描金纹饰较为稀疏，图案亦见简化，属道光中后期的仿西洋式样。

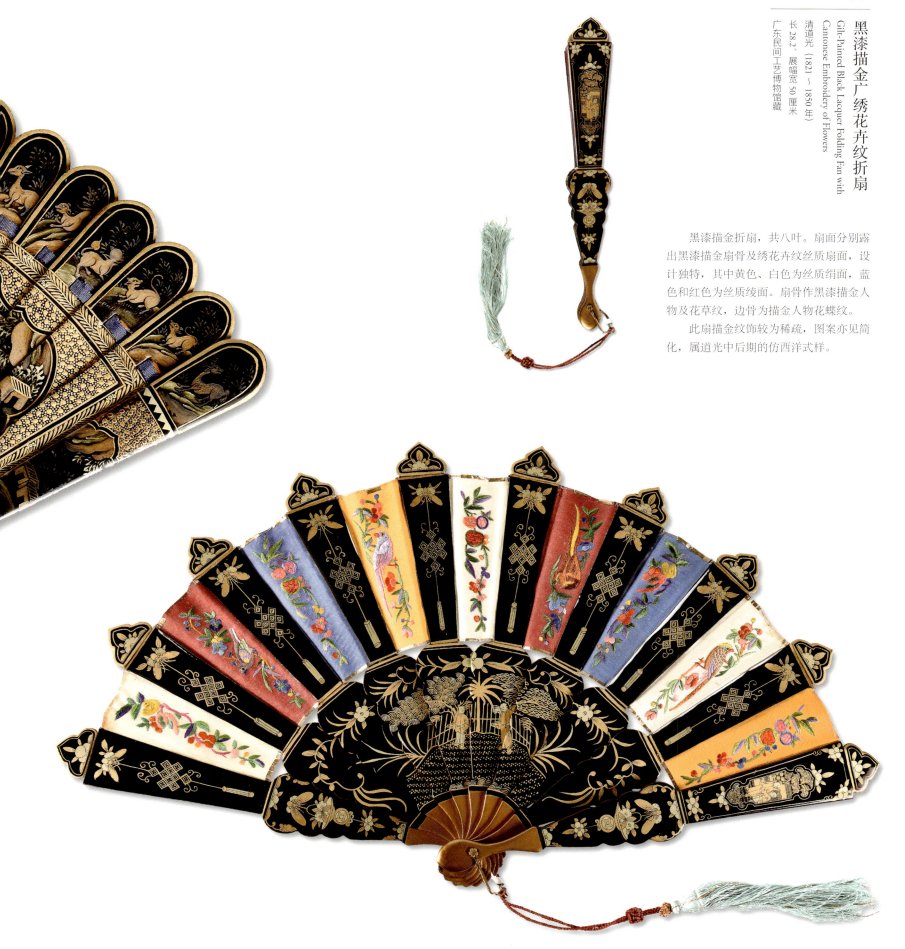

238

螺钿纱面绣龙纹折扇

Folding Fan with Shell-Inlaid Sticks and Silk Leaf Featuring Dragon

清道光（1821～1850年）

长20.3、展幅宽36厘米

广东民间工艺博物馆藏

这把扇子的丝质纱面薄而透，绣有云龙纹。扇骨及边骨均由贝壳制成，双面阴刻人物纹，纹样细密。贝壳雕刻是清代广东的特产之一，但贝壳扇骨并不多见。

玳瑁人物故事纹折扇

Torroiseshell Folding Fan with Figural Scene

清道光（1821～1850年）

长18.5、展幅宽32厘米

广东民间工艺博物馆藏

这把扇子为双面工，通体镂空雕刻亭台楼阁及人物纹饰，以垂直细丝补地。画面中多个人物均手持扇子，边骨深雕人物纹及龙纹。

欧洲喜用玳瑁制作器物和嵌件饰物。这些来自欧洲的玳瑁制品经由广州的港口输入中国，可能率先为广东官员、商人使用。由此，广州工匠学会制作玳瑁工艺品并进贡宫廷。早在雍正年间，广州已生产玳瑁折扇并出口欧洲市场。外销玳瑁折扇的活跃时期甚短，大概在嘉庆、道光之间（1800～1850年）。因玳瑁材料贵重且雕刻困难，道光以后即已停产，因此此类折扇传世甚少。

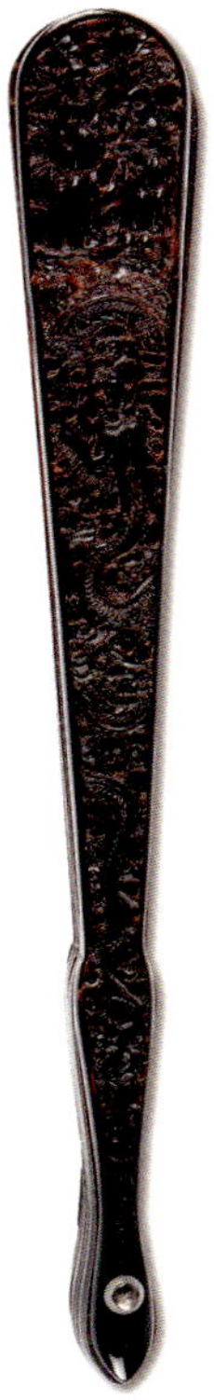

240

檀香木鸳鸯莲池图折扇

Folding Fan with *Tanxiangmu* Sticks and Silk Leaf Featuring Mandarin Ducks in a Lotus Pond

清道光（1821～1850年）

长30、展幅宽55.5厘米

广东民间工艺博物馆藏

这把扇子的扇面为丝质纱面，仅在正面以彩色丝线绣鸳鸯戏水以及牡丹和石斛。扇骨仿象牙折扇的制作工艺，以檀香木镂空雕刻亭台楼阁与人物；边骨镂空雕刻竹节纹。

241

红漆纸面彩绘贴象牙人物故事纹折扇

Folding Fan with Red Lacquer Sticks and Paper Leaf Featuring Figural Scene

清道光（1821～1850年）

长26.4、展幅宽49.5厘米

广东民间工艺博物馆藏

这把扇子的扇面一面彩绘“满大人”图案，以象牙贴面、以丝绢贴衣；另一面绘雀鸟及玫瑰、藜芦等花卉，绘画技法采用中国传统的工笔重彩，画工精细但较为拘谨。扇骨采用红漆描金，中央绘庭园人物纹，周边环绕折枝花卉；边骨以红漆描金绘庭园人物、花草和牛。

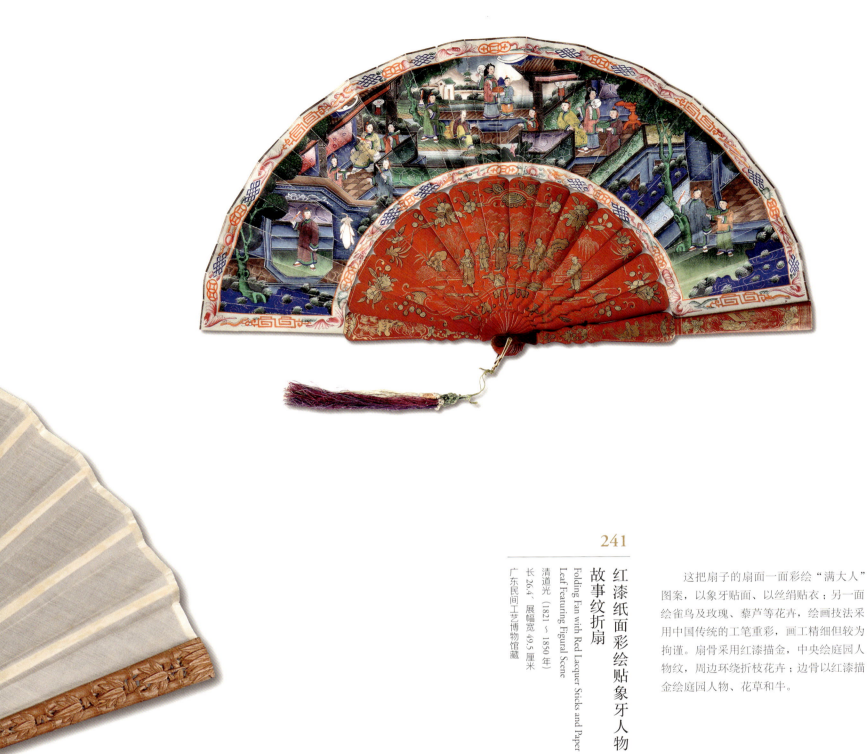

242

象牙绫面广绣花蝶纹折扇

Folding Fan with Ivory Sticks and Damask Leaf Featuring Cantonese Embroidery of Flowers and Butterflies

清道光（1821～1850年）

长30.5、展幅宽62厘米

广东民间工艺博物馆藏

象牙绫面绣花折扇，共十四叶。扇面用丝质绫面料制成，一面绣玫瑰、梅、蝴蝶、雀鸟和锦鸡图，另一面绣菊花、蔷薇和雀鸟图。素身象牙扇骨；象牙边骨用高浮雕手法雕刻，顶端雕有“蝙蝠衔花篮”，其余部分雕有人物、楼阁、花草树木等图案。配黑漆描金扇盒。

243

黑漆描金纸面彩绘贴象牙人物风景折扇

Folding Fan with Gilt-Painted Black Lacquer Sticks and Paper Leaf Featuring Figures in Landscape

清道光（1821～1850年）

长28.1、展幅宽52.7厘米

广东民间工艺博物馆藏

这把扇子的扇面一面彩绘“满大人”图案；另一面绘珠江三角洲乡村常见的景象，包括河流、小桥、船只、村口的文昌宝塔、房子、榕树等。扇骨黑漆描金庭园人物纹。

244

黑漆描金纸面彩绘人物风景折扇

Folding Fan with Gilt-Painted Black Lacquer Sticks and Paper Leaf Featuring Figures in Landscape

清道光（1821～1850年）

长25.5、展幅宽51.5厘米

广东民间工艺博物馆藏

此扇两面从上至下分成五层装饰，一、三、五层为纸面，分别彩绘庭园人物、珠江三角洲乡村风貌以及花卉，第三层所绘花卉有玫瑰、报春花和牵牛花，第五层所绘花卉有玫瑰和苹婆；二、四层露出黑漆描金扇骨，上绘人物及花卉纹饰。如此间隔装饰，别具特色。边骨亦为描金人物及花卉纹。

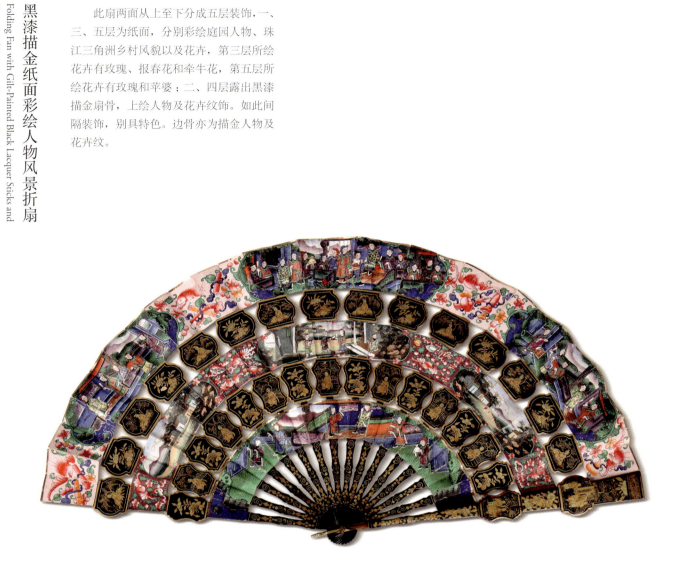

245

红缎地三多纹绣件镶装饰托盘

Tray with Red-Ground Satin Embroidered with Auspicious Pattern

清（1644～1911年）

通长46.5、宽37.2厘米

广州博物馆藏

盘内绣件绣佛手、寿桃、慈姑、石榴、蝴蝶、蝙蝠等，有“多福、多寿、多子”的美好寓意。欧洲人常喜用中国绣件、补子改装成托盘使用。

246

红色绒绣花鸟纹挂件

Wall Hanging Embroidered with Flowers and Birds

清（1644～1911年）

长47、宽43厘米

广州博物馆藏

挂件上绣雀鸟、牡丹、石榴、藤萝等花鸟植物，有“富贵长寿”之意。

247

黄缎地绣欢天喜地蝴蝶纹台布

Yellow-Ground Satin Table Cloth Embroidered with Butterflies and Orchid

民国（1912～1949年）

长91、宽52厘米

广州博物馆藏

台布上绣三十余只翩翩起舞的蝴蝶与随风摇曳的兰花，有象征爱情婚姻美满之意，又因“蝶”谐音“耋”，又有“健康长寿”之意。

248

排金银绣蝙蝠桃竹纹挂件

Wall Hanging Embroidered with Bats, Peaches, and Bamboo

民国（1912～1949年）

长48.5、宽21厘米

广州博物馆藏

此挂件以金银线绣寿桃、蝙蝠及竹叶，有“福寿齐天”的美好寓意。

249

花鸟纹绣件镶装饰托盘

Tray with Rank Insignia Embroidered with Flowers and Birds

民国（1912～1949年）

通长67.7、宽33.3厘米

广州博物馆藏

晚清民国时期，在中国具有身份及等级象征的补子，在西方常被制成各式手袋、首饰盒、托盘或其他家居物品。

250

象牙雕天使人物故事信插

Ivory Mail Organizer with Angels

19世纪

长24，宽13.5，高12厘米

上海中国航海博物馆藏

此信插用料较大，用整块大象牙板雕刻完成，为典型来样加工的外销品。四面分别用花卉作装饰透雕开光山水人物故事图，信插中间用牙板作间隔，中空部分用以放置信件，中间留孔便于悬挂。牙板上雕刻一对天使手执缠枝莲纹枝，正面雕刻中国传统花鸟人物纹作为装饰，实用与观赏兼具。

251

贝雕粤东海关金花古庙图摆件

Shell Carving with Jinhua Ancient Temple and Customs in Guangzhou

清光绪（1875～1908年）

长32.5、宽24.5厘米

广东民间工艺博物馆藏

贝雕是以贝壳为原料，利用贝壳的天然纹理、色泽和形态，结合牙雕、木雕等工艺，雕刻或镶嵌而成的工艺品。贝雕大多是在保留了贝壳的基本造型基础上进行加工雕刻。这件摆件刻画了供奉金花娘娘的金花古庙与粤东海关的景观，是西方人十分感兴趣的广州本地民俗活动的场所以及西方人来到中国进行贸易密切相关的地点，因而具有明显的外销特色。

252

象牙编织提篮

Basket Woven from Ivory Strips

清（1644 ~ 1912年）

长 28.5、宽 22.6、高 27.7 厘米

宁波中国港口博物馆藏

提篮主体和提梁连结为一整体，提篮运用了象牙劈丝编织工艺，盖纽圆雕石榴，寓意福寿安康，提梁用圆雕和镂雕通体雕刻缠枝花卉，后加彩成型。

253

檀香木雕暗八仙盒

Tanxiangmu Box with Eight Daoist Emblems

清（1644～1911年）

长24、宽10.2、厚7.5厘米

宁波中国港口博物馆藏

此盒用减地技法雕刻器物表面的山水、人物、花卉等中国传统纹饰，营造浅浮雕效果，整体构图繁而不乱，符合当时西方人的审美情趣。

254

檀香木雕福禄寿名片盒

Tanxiangmu Business Card Case Featuring Emblems Associated with Happiness, Fortune, and Longevity

19 世纪

长 11、宽 7、厚 1.5 厘米

上海中国航海博物馆藏

此盒通体雕刻双鹿、松树等图案，寓意福禄寿。雕工细腻，技法娴熟，是广东的传统工艺。

255

青花洞石花鸟纹盘

Blue-and-White Dish with Rocks, Flowers, and Bird

荷兰 18 世纪初

口径 23.5、底径 11、高 2.5 厘米

中国园林博物馆藏

敞口，板沿，浅腹，圈足。胎质细腻，釉色亮丽。盘心绘洞石花鸟纹，盘口绘缠枝花卉纹，繁而不乱，一处饰有纹章图：LTM、1706 等。

256

青花山水花卉纹盘

Blue-and-White Dish with Landscape

英国 19 世纪初

直径 25、高 3 厘米

中国园林博物馆藏

敞口，板沿，浅腹，平底。胎质细腻，釉色淡雅。盘心绘山水花纹图，盘口满绘花草纹。盘内纹饰布局饱满，青花浓淡兼施，发色明丽。

257

青花山水人物纹葫芦瓶

Blue-and-White Gourd-Shaped Vase with Landscape

17世纪晚期

口径3.5、底径8、腹径14、高24.6厘米

中国园林博物馆藏

平口，溜肩，束腰，上腹微鼓，下腹浑圆，圈足。瓶腹部均开光饰山水人物图，底部饰花草纹。

258

『福寿』铭多宝纹柄镜

Hand Mirror with Inscripions for Happiness and Longevity, and Designs of Precious Objects

19世纪中后期

直径17.8、柄长9.1厘米

清华大学艺术博物馆藏

镜铭：福寿　天下一藤原政重

镜面福寿字右下方纹饰为多宝。分别为：

“键”，即打开幸运之门的钥匙。

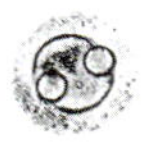
“分铜”，即天平称重时所用之砝码，喻意公正。

“宝笠”，多为修行之人所戴，喻意德行。

“隐士蓑衣”，多为隐居之人所用，喻意智慧。

“丁字”，即为“丁子香”，一种热带香料。上流社会的瑰宝。

“巾着”即大黑天神左肩所背之宝袋，大黑天神系开运招福之神，是日本“七福神”的重要组成之一。传说大黑天神能“慈眼视众生，福寿海无量”，可使用战术驱除厄神等五种邪气，使人平安而健壮地度日。日本民间流传它头戴黑头巾，左肩背宝袋，右手持幸运木槌，脚踩米袋，属日本的本地神。

259

『千岁』铭蓬莱纹柄镜

Hand Mirror with Inscription for Eternal Life and the Immortal Island of Penglai

18世纪中期

直径24、柄长9.8厘米

清华大学艺术博物馆藏

镜铭：千岁　山岸加贺守藤原真义

“千岁”用作祝寿之词的历史很早，《诗·鲁颂·閟宫》：“万有千岁，眉寿无有害。”此镜之松在日本称为“若松”，即小松或是松树的苗木。

260

伊势海老柄镜

Hand Mirror with Shrimp from Ise in Japan

18 世纪中后期

直径 16.7、柄长 8.4 厘米

清华大学艺术博物馆藏

伊势为江户时代地名，即今三重县之一部分，其东侧的伊势湾内盛产龙虾（体形较小），“海老”即指当地特产之龙虾，龙虾弯着腰象征海中老者，寓意为长寿。纹饰上方有月纹、云纹、松纹，松树亦象征长寿，故此镜有可能是祝寿所用的礼品。

261

『寿』铭蓬莱多宝柄镜

Hand Mirror with Character for Longevity, Designs of Precious Objects, and the Immortal Island of Penglai

19 世纪中期

直径 23.9、柄长 9.4 厘米

清华大学艺术博物馆藏

镜铭：寿　天下一津田和泉守吉长

此镜右侧纹饰中鹤、龟、松、竹、梅等蓬莱纹要素齐全，左侧装饰多宝纹。多宝纹柄镜反映出扶桑民族对福寿、吉祥、平安的期盼与追求。

结语

习近平总书记指出“文明因多样而交流，因交流而互鉴，因互鉴而发展”。在长期的中外经济文化交往中，中国福寿文化与艺术作为代表性的中国文化符号，曾经对东南亚、日本、欧美等国家产生广泛深远的影响，反映了不同文化交流融合的历史事实和规律，对于我们促进中华文明与世界各国文明交流互鉴，构建人类命运共同体具有重要启示意义。

Conclusions

General Secretary Xi Jinping pointed out that “diversity spurs interaction among civilizations, which in turn promotes mutual learning and their further development.” During the long-term economic and cultural exchanges between China and foreign countries, Chinese happiness and longevity culture and art, as representative cultural themes, have had a far-reaching influence on Southeast Asia, Japan, Europe, and the United States, and reflect the historical facts and laws of cultural exchange and integration, which can greatly facilitate us to promote the exchange and mutual learning between Chinese civilization and other civilizations around the world and build a community with a shared future for humanity.

慈禧皇太后御筆之寶
福